智慧消费经济新模式

李贻良 著

中国商业出版社

图书在版编目（CIP）数据

智慧消费经济新模式 / 李贻良著 . -- 北京： 中国商业出版社，2020.9

ISBN 978-7-5208-1096-8

Ⅰ.①智… Ⅱ.①李… Ⅲ.①消费经济学 Ⅳ.① F014.5

中国版本图书馆 CIP 数据核字（2019）第 290208 号

责任编辑：刘万庆

中国商业出版社出版发行
010-63180647 www.c-cbook.com
（100053 北京广安门内报国寺 1 号）
新华书店经销
三河市长城印刷有限公司印刷

＊

710 毫米 ×1000 毫米　16 开　14 印张　200 千字
2020 年 9 月第 1 版　2020 年 9 月第 1 次印刷
定价：48.00 元

＊＊＊＊

（如有印装质量问题可更换）

本书出版帮助与支持人

邹平座　段宏涛　魏洪祥　纪　杰　李延平
夏厚红　郑润祥　陈　宝　司敬霖　邱红玲
李天龙　张文孝　马志斌　牛振东　罗贵杰
李　健　戴文浦

前言
PREFACE

当前，随着改革开放的不断深入以及市场经济持续稳定的发展，拉动经济增长的"三驾马车"（投资、出口、消费）在结构上发生了新的变化，投资和出口对GDP的贡献率正在逐渐下降，消费对GDP的贡献率正在逐步提高。国家统计局统计数据显示，消费对GDP增长的贡献率2018年达到76.2%，2019年虽然受到诸多因素的影响，但依然达到57.8%，消费连续6年成为拉动中国经济增长的"第一动能"。

随着消费成为拉动经济增长的第一驱动力，我国正在进入全新的智慧消费时代，与此同时，新一轮消费升级也开始悄然崛起。

智慧消费是持续消费升级背景下的一种新消费模式，是一个创造性的新概念，它指的是以消费者为核心，以满足消费者不断提升的需求为目的，重构人、货、场的关系，通过消费者逆向推动商品生产和服务。同时，实现消费理念个性化、消费渠道多样化、消费方式智能化。在智慧消费时代，消费结构由生存型转向发展型与享受型，消费内容从有形物质转向无形服务，消费方式从线下转向线上线下融合。可见，智慧消费时代的供给结构、消费渠道、物流配送、售后服务等多个方面，都在发生新的变革。

在智慧消费经济的背景下，在消费升级的趋势下，零售业态也随之迎来前所未有的改变。在移动网络、物联网、大数据、人工智能等新技术的驱动下，通过商品、物流、支付等零售要素数字化，采购、销售、服务等零售运营智能化的创新智能零售模式开始走入人们的视野。

"智慧消费经济新模式"是以互联网、物联网的发展为基础，以新时代"创新、协调、绿色、开放、共享"的五大发展理念为引领，以"云、物、大、智、链、通"的六大科技创新驱动为支撑，以共享经济新思维下的消费者价值分享系统、"长板理论、长尾理论"的创新应用、"天地路金智"五网融合及"七链结合"的智能新零售和社交电商为着力点，形成了"纵向九云十万店的交互式O2O、横向消费端拉动供给侧改革的C2S、深向融合人类智慧和人工智能的A&AI"的独特三维体系，既丰富了消费经济学的理论，也使得经营者可以借鉴形成自己的创新经营模式，以取得更好的发展。

当前，智慧消费时代已经来临，智能零售模式也已悄然兴起。在这样一个商业消费高度发达的时代，同时又是一个消费方式、零售模式快速迭代的时代，无论是企业还是个体消费者，都随时面临着新的改变。为此，我们必须持续不断地学习，去了解我们所处的时代，了解新经济环境的特点，在充满无限可能性的消费领域寻找并把握新的机会，迎接新的挑战。

为了应对当前消费经济的转型升级，把握未来场景化、个性化、智能化的消费发展趋势，本书上篇从梳理和剖析消费环境的变化入手，以互联网与物联网对消费领域的影响为切入点，通过对基本理论、创新模式和案例等进行深入解读，来架构智慧消费领域的整体视野和格局。下篇则针对智慧消费经济体系下新生的智能零售模式进行系统梳理与分析，围绕产品、消费体验、供应链等内容展开对零售生态良性进化的逻辑思考。

最后，希望本书能够为读者提供一个新的视角去解析当下繁纷复杂的消费经济，了解智慧消费经济的发展趋势与变化。同时，也希望本书能够为致力于消费领域及相关领域的从业人员架起沟通的桥梁，通过不同角度、不同思维、不同模式的研究探索，为智慧消费经济的美好未来贡献力量。

目录 CONTENTS

上篇 新时代，新动能——智慧消费

第一章 新消费时代已来 / 3

1. 现代消费的三个发展阶段 / 4
2. 消费为经济增长"保驾护航" / 7
3. 新时代呼唤新消费经济 / 13
4. 消费升级引发的消费革命 / 17
5. 如何迎接消费升级 / 21

第二章 中国消费经济的演进之路 / 25

1. 传统消费的三次变迁 / 26
2. 商业变局与消费变化 / 29
3. 传统消费的新趋势 / 33
4. 消费升级的四种形态 / 37
5. 中等收入群体规模扩大 / 43

6. 中国已成全球主要终端消费市场 / 46

第三章　从互联网金融到物联网新消费经济 / 49

1. 互联网金融的崛起 / 50
2. 物联网在互联网金融中的应用 / 54
3. 物联网助推消费升级 / 59
4. 消费物联网带来的新体验 / 63
5. 区块链赋能物联网 / 68

第四章　智慧消费经济学理论 / 73

1. 马克思关于生产与消费辩证关系的思想对我国经济发展的指导意义 / 74
2. 西方消费理论及其启示 / 78
3. 消费资本化理论 / 81
4. 智慧消费生态理论 / 85
5. 分享经济与消费商思维 / 88

第五章　智慧消费经济的基础与模式创新 / 95

1. 智慧消费经济的基础 / 96
2. 智慧消费经济新模式的发展与创新 / 101
3. 智慧消费案例——网易严选 / 108
4. 智慧消费案例——盒马鲜生 / 112
5. 智慧消费案例——小米之家 / 116

下篇　新消费，新模式——智能零售

第六章　智慧消费引领智能零售 / 121
1. 什么是智能零售 / 122
2. 物联网对传统零售的颠覆 / 125
3. 智能零售的未来发展方向 / 129
4. 创新驱动：科技创新让零售无边界 / 133

第七章　智能零售时代的产品再造 / 139
1. 以技术为桥梁重塑产品与人的关系 / 140
2. 用户需要的好产品是如何炼成的 / 143
3. 智能零售时代的产品特征 / 146
4. 产品再"创造"，打造极致消费体验 / 149

第八章　智能零售时代的体验升级 / 153
1. 体验式消费正在崛起 / 154
2. 被颠覆的消费体验模式 / 158
3. 当消费体验升级遇到"黑科技" / 162
4. 体验为王，打造极致体验的六大步骤 / 166

第九章　智能零售时代的供应链重塑 / 169
1. 智能零售时代的供应链挑战与变革 / 170

2. 零售转型的供应链优化 / 174

3. 智能零售带来的物流升级 / 177

4. 智慧供应链，不仅仅是供应链 / 181

第十章　智能零售时代的领军企业 / 185

1. 新零售开创者

——阿里巴巴多领域齐头并进打造泛零售业态 / 186

2. 引领第四次零售革命

——京东推出无界零售战略 / 190

3. 零售业赋能者

——腾讯推出"智慧零售"解决方案 / 194

4. 智能零售先行者

——苏宁全方位布局迎来华丽转身 / 197

附录

附录一：零售消费行业政策盘点 / 202

附录二：零售新物种盘点 / 206

参考文献 / 210

上篇

新时代，新动能
——智慧消费

第一章

新消费时代已来

1. 现代消费的三个发展阶段

现代消费经历了萌芽期、发展期和繁荣期的演变过程，在此过程中，经济增长、技术进步和消费思潮的变化共同推动了消费变革的每一次浪潮，而每一次的消费变革又会反过来为生产和技术的发展提供指引。在商业世界里，以零售消费为核心的商业创新，在消费变革的浪潮中促进了一次又一次波澜壮阔的消费转型与升级。

现代消费的萌芽与发展期

17世纪末，内战之后的英国成为现代消费的起源地，这一时期的消费思潮既有韦伯指出的加尔文主义和新教主义所鼓吹的"财富积累"，反对奢侈品消费和浪费，又有少数贵族统治阶级宣扬的"通过消费来享乐"。

18世纪末，亚当·斯密的《国富论》描述的社会已经超越重商主义，在重视国外市场的同时也关注国内消费市场，专业化和分工提高了劳动效率，进而推动了大众市场形成，参与大众市场交易活动的人们逐渐成为类似现代市场意义上的消费者，为生活而工作，从而获得更多商品。

1850年，欧洲工业革命带来能源和技术的进步，推动了企业规模不断扩大，城市化进程也随之加快，产业工业阶层开始出现。家庭成为消费的中心，当时的欧洲商业变革主要表现为百货商店雏形的出现，而传统的专业商店也开始在结构和布局上进行调整，从而迎合这一消费模式的变革。

现代消费的繁荣期：零售业第一次浪潮

19世纪末，现实主义逐渐兴起，欧洲日渐繁荣，城市化进程显著。当时的工人阶层，在食品和住房等方面的购买力和消费需求都在日渐增强。与此同时，"减少工作时间"运动让现代"周末"得以出现，休闲娱乐时间的出现，也让消费行为更加多样化。

20世纪末，在英国"艺术与工艺"运动的影响下，设计理念出现革新，通过设计提高产品的多样化，极大地刺激了消费需求并增加了商品的附加值。虽然这一时期因两次世界大战这样的社会巨变对消费造成了一定程度的影响，但战争带来的科技创新以及制造技术和工艺水平的提高，也为下一阶段的消费繁荣打下了坚实基础。

这一阶段人们迎来了现代零售商业的第一次浪潮。1852年第一家现代意义上的百货店诞生在巴黎，由于缺乏竞争且需求不断扩大，市场的主导权掌握在卖家手中。百货店度过了60年的黄金发展时期，直到后来出现的超级市场带来了零售业的第二次浪潮。

现代消费的繁荣期：零售业第二次浪潮

1970年，在新技术的推动下，新产品层出不穷，设计理念也有了新的发展。新颖性、多样性、炫耀性等功能在生产和消费领域既有分化也有融合，这些因素和环境共同作用，创造了多种多样的现代消费产品和消费模式。直到20世纪末，由于经济全球化的带动，发达国家的产品、品牌和消费方式开始向全球输出。

这一阶段是零售业第二次浪潮，一方面受到需求拉动的影响，整个零售业都在扩张，当前全球零售业的百强企业大部分都是在这一时期创建和发展起来的。另一方面，零售商业的创新开始了营销驱动和创造需求的新时代。

现代消费的繁荣期：零售业第三次浪潮

2000年之后，现代消费开始了体验性的和网络化的阶段。在这一时期，消费思潮和流行时尚秉承了对生活方式的追求，在购买力、技术和追求个性化、多样化理念的支持下，甚至发展成为一场"全民运动"，而互联网通过虚拟社区的联结和全球搜索技术进一步强化这种跨越年龄、性别、阶层的自我表达和社会划分。

这一阶段的零售商业经历了第三次浪潮的冲击，即面临着生产全球化、商品多样化和购物方式信息化、智能化、网络化等冲击。这一时期属于绝对的买方市场，零售商业创新必须考虑服务的重要性，提升消费体验，谨慎选择电商模式并控制好价值链才有可能获得成功。

总体来讲，现代消费经过了三阶段变革性的发展过程，即生产驱动需求的大工业时代、营销和创造需求的大众时代以及个性化消费时代。如今，大数据、移动互联网、云计算、人工智能与生物工程等先进技术和思潮构成的消费新时代已经开启，由此孕育出的商业消费渠道变革、社群分化、模式革命等的改变，正在形成新时代的商业形态。

2. 消费为经济增长"保驾护航"

自我国经济进入新常态以来,消费一直充当"稳定器"和"压舱石"的角色,为我国经济增长的稳步提升"保驾护航"。2015年11月,《国务院关于积极发挥新消费引领作用加快培育形成新供给新动力的指导意见》出台。2017年,"积极扩大消费"更是被写入政府工作报告。党的十九大报告明确指出,完善促进消费的体制机制,增强消费对经济发展的基础性作用。2018年9月,《中共中央 国务院关于完善促进消费体制机制进一步激发居民消费潜力的若干意见》出台,由此可见,消费经济愈加成为经济增长的重要引擎。

全国居民人均消费支出逐年增加

所谓人均消费支出,指的是居民用于满足家庭日常生活消费的全部支出,包括购买实物支出和服务性消费支出。人均消费支出种类可分为8大类消费,分别是食品、衣着、家庭设备用品及维修服务、医疗保健、交通通信、文体教育及服务、居住旅行、其他商品和服务。现行统计分为城镇居民人均消费支出和农村居民人均消费支出两个指标。城镇居民人均消费支出按月统计,农村居民人均消费支出按季度统计。

人均消费支出是社会消费需求的主体,是拉动经济增长的直接因素，是体现居民生活水平和质量的重要指标。

2015年，全国居民人均消费支出15712元，比上年增长8.4%。其中，城镇居民人均消费支出21392元，增长7.1%；农村居民人均消费支出9223元，增长10%。

2016年，全国居民人均消费支出17111元，比上年增长8.9%，扣除价格因素，实际增长6.8%。其中，城镇居民人均消费支出23079元，比上年增长7.9%，扣除价格因素，实际增长5.7%；农村居民人均消费支出10130元，比上年增长9.8%，扣除价格因素，实际增长7.8%。

2017年，全国居民人均消费支出18322元，比上年名义增长7.1%，扣除价格因素，实际增长5.4%。其中，城镇居民人均消费支出24445元，比上年增长5.9%，扣除价格因素，实际增长4.1%；农村居民人均消费支出10955元，比上年增长8.1%，扣除价格因素，实际增长6.8%。

2018年，全国居民人均消费支出19853元，比上年名义增长8.4%，扣除价格因素，实际增长6.2%。其中，城镇居民人均消费支出26112元，比上年增长6.8%，扣除价格因素，实际增长4.6%；农村居民人均消费支出12124元，比上年增长10.7%，扣除价格因素，实际增长8.4%。

2019年上半年，全国居民人均消费支出10330元，扣除价格因素，实际增长5.2%。

消费对经济增长的贡献率逐年增长

随着城镇化的不断提高，城市人口增多必然带动衣食住行等多方面消费需求增加和消费升级，对消费的快速增长有明显的促进作用。在居民消费能力不断增强和消费环境持续优化等多因素带动下，城镇消费品市场保持较快增长。

2018年的政府工作报告提到，5年来，经济结构出现重大变革。消费贡献率由54.9%提高到58.8%，服务业比重从45.3%上升到51.6%，成为经济增长主动力。

下面，我们一起来看看"5年来"以及2019年上半年的消费贡献率详细数据。

2014年2月24日，国家统计局发布了《2013年国民经济和社会发展统计公报》。公报显示，2013年全年社会消费品零售总额237810亿元，比上年增长13.1%，扣除价格因素，实际增长11.5%。按经营单位所在地统计，城镇消费品零售额205858亿元，增长12.9%；乡村消费品零售额31952亿元，增长14.6%。按消费类型统计，商品零售额212241亿元，增长13.6%；餐饮收入额25569亿元，增长9.0%。在限额以上企业商品零售额中，粮油、食品、饮料、烟酒类零售额比上年增长13.9%，服装、鞋帽、针纺织品类增长11.6%，化妆品类增长13.3%，金银珠宝类增长25.8%，日用品类增长14.1%，家用电器和音像器材类增长14.5%，中西药品类增长17.7%，文化办公用品类增长11.8%，家具类增长21.0%，通信器材类增长20.4%，石油及制品类增长9.9%，汽车类增长10.4%，建筑及装潢材料类增长22.1%。2013年最终消费支出对国内生产总值增长的贡献率为50%。

2014年全年，社会消费品零售总额262394亿元，同比名义增长12.0%，实际增长10.9%。其中，限额以上单位消费品零售额133179亿元，同比增长9.3%。按经营单位所在地分，12月份，城镇消费品零售额22166亿元，同比增长11.8%；乡村消费品零售额3635亿元，同比增长12.4%。2014年全年，城镇消费品零售额226368亿元，同比增长 11.8%；乡村消费品零售额 36027 亿元，同比增长 12.9%。按消费类型分，12 月份，餐饮收入 2728 亿元，同比增长 10.1%；商品零售额 23074 亿元，同比增长 12.1%。2014 年全年，餐饮收入 27860 亿元，同比增长 9.7%；商品零售额 234534 亿元，同比增长 12.2%。2014 年全年最终消费支出对国内生产总值增长的贡献率为 51.2%，比上年提高 1.2 个百分点。

2015 年全年，社会消费品零售总额 300931 亿元，比上年增长 10.7%。其中，限额以上单位消费品零售额 142558 亿元，同比增长 7.8%。按经营单位所在地分，12 月份，城镇消费品零售额 24566 亿元，同比增长 10.9%；乡村消费品零售额 4069 亿元，同比增长 12%。2015 年全年，城镇消费品零售额 258999 亿元，比上年增长 10.5%；乡村消费品零售额 41932 亿元，同比增长 11.8%。按消费类型分，12 月份，餐饮收入 3030 亿元，同比增长 11.2%；商品零售额 25605 亿元，同比增长 11%。2015 年全年，餐饮收入 32310 亿元，比上年增长 11.7%；商品零售额 268621 亿元，同比增长 10.6%。2015 年最终消费支出对国内生产总值增长的贡献率为 66.4%，比上年提高 15.2 个百分点。

2016 年全年，社会消费品零售总额 332316 亿元，比上年增长 10.4%。其中，限额以上单位消费品零售额 154286 亿元，同比增长 8.1%。按经营单位所在地分，12 月份，城镇消费品零售额 27233 亿元，同比增长 10.9%；乡村消费品零售额 4524 亿元，同比增长 11.2%。按消费类型分，12 月份，餐饮收入 3352 亿元，同比增长 10.6%；商品零售额 28405 亿元，同比增长 10.9%。2016 年，最终消费支出对经济增长的贡献率为64.6%，高于2014年13.4个百分点。

2017年全年，社会消费品零售总额366262亿元，比上年增长10.2%。其中，限额以上单位消费品零售额160613亿元，同比增长8.1%。按经营单位所在地分，12月份，城镇消费品零售额29754亿元，同比增长9.3%；乡村消费品零售额4981亿元，同比增长10.1%。2017年全年，城镇消费品零售额314290亿元，比上年增长10%；乡村消费品零售额51972亿元，同比增长11.8%。按消费类型分，12月份，餐饮收入3689亿元，同比增长10.1%；商品零售额31045亿元，同比增长9.3%。2017年全年，餐饮收入39644亿元，比上年增长10.7%；商品零售额326618亿元，同比增长10.2%。2017年全年最终消费支出对国内生产总值增长的贡献率为58.8%，资本形成总额贡献率为32.1%，货物和服务净出口贡献率为9.1%。

2018年我国全年社会消费品零售总额38.1万亿元，增长9%，保持平稳较快发展势头。消费连续5年成为经济增长第一动力，对经济增长贡献率为76.2%，比上年提高18.6个百分点。

2019年全年社会消费品零售总额41.2万亿元，增长8%，扣除汽车增长9%。连续6年保持经济增长第一拉动力，消费对经济增长贡献率57.8%，拉动GDP增长3.5个百分点。

消费已经成为拉动中国经济发展的不容忽视的重要力量。专家分析，即使中国的实际GDP增速进一步放缓至5.5%，到2020年，中国的消费市场仍将扩大约一半，达到6.5万亿美元的规模。由此可见，中国经济将从以投资为主导转向以消费为主导。

随着经济的增长、技术的进步、消费方式和消费习惯的变革，新的消费时代也已经到来。事实上，在人类社会发展的历程中，人们的消费需求与消费欲望一直蓬勃不息，牵引着技术不断进步，直到革命性的技术创新出现，新的消费时代也随之而来。

3. 新时代呼唤新消费经济

近年来,我国经济增长驱动开始着力于"新旧动能"的转换,经济增长模式也随之迎来改变。事实上,自2013年以来,消费在经济增长中就扮演着十分重要的角色,其贡献作用也在不断增强。当前,随着消费经济增长模式的初步建立,一个全新的消费时代也由此开启。

在以消费为主导的经济环境下,物联网、云计算、大数据、人工智能等新一代信息技术与社会各个领域技术的融合,进一步改变了当前人们的消费方式和消费习惯。与此同时,随着人们消费方式的改变,以及技术给传统零售业供应链系统带来的革新,新的消费时代孕育出了新的商业消费模式。在更为多元化、扁平化以及去中心化的新消费模式与新消费时代下,新的消费经济也呼之欲出。

新消费时代的开启,不仅将为人们带来生活品质的提升,同时也将为人们业已习惯的消费端带来翻天覆地的变化。在不断变化的环境下,新消费经济主要呈现出以下几个特点。

特点一:新需求

数据显示,2017年,全国居民人均可支配收入25974元。其中,城镇居民人均可支配收入36396元,增长8.3%,扣除价格因素,实际增长6.5%;农村居民人均可支配收入13432元,增长8.6%,扣除价格因素，实际增长7.3%。2018年，全国居民人均可支配收入28228元，扣除价格因素，实际增长6.5%。其中，城镇居民人均可支配收入39251元，增长7.8%，扣除价格因素，实际增长5.6%；农村居民人均可支配收入14617元，增长8.8%，扣除价格因素，实际增长6.6%。2019年上半年，全国居民人均可支配收入15294元，扣除价格因素，实际增长6.5%。其中，城镇居民人均可支配收入21342元，增长8%，扣除价格因素，实际增长5.7%；农村居民人均可支配收入7778元，增长8.9%，扣除价格因素，实际增长6.6%。

这些数字表明，我国已经出现了人口非常庞大的中产阶层，由于他们的物质需求已经得到满足，因此他们在文化、娱乐、教育、健康、旅游等服务性消费上的需求正在快速增长。值得注意的是，由于我国人口结构变化所呈现的老龄化加快、出生率增长的情况，保健用品与母婴产品等方面的需求开始迅速增长。

特点二：新供给

在新消费时代，新技术的出现必然会带来革命性消费产品的出现，比如，近年来备受关注的智能家居、AR/VR、无人驾驶汽车等相关产品。事实上，随着人们对新技术的重视和生产制造成本的降低，以及人工智能、云计算等新技术的逐渐成熟，一系列新兴产品和应用必将应运而生。

近年来，人工智能、云计算、无人驾驶等领域已成为各国科技创新的重点扶持项目。在这一基础上，相关产业得到了前所未有的发展空间。以云计算产业为例，2016年我国云计算整体市场规模达514.9亿元，整体增速35.9%，大幅高于全球平均水平。2017年我国公有云市场规模达264.8亿元，同比增长55.7%，增速远超全球平均水平，预计到 2021 年我国公有云市场规模将达到 902.6 亿元。2017 年 4 月，工信部发布《云计算发展三年行动计划（2017—2019）》，提出到 2019 年我国云计算产业规模达到 4300 亿元，云计算服务能力达到国际先进水平，云计算在制造、政务等领域的应用水平显著提高，涌现 2~3 家在全球云计算市场中占有较大份额的领军企业。

此外，移动互联网的普及和发展成为另一趋势，而在这一趋势下，用户触网成本将持续降低，移动智能终端和用户在智能终端上的活跃时间也将显著提升。与此同时，随着人工智能、物联网等技术的突飞猛进，智能家居也将迅速放量。数据显示，我国智能家居产业在 2016 年就已实现 605.7 亿元市场规模，到 2020 年智能家居市场规模将达到 3576 亿元。分析师预测，到 2020 年我国将成为亚洲最大的智能家居市场，2021 年全球智能家居市场规模将达 5000 多亿元。

特点三：新渠道

新的消费需求与新的消费模式，也让我们看到消费渠道的改变。当前，"线上＋线下"的新零售模式已经备受关注，而未来这种电商与实体店相融合的销售渠道模式也将成为主流模式。

从网络消费用户规模的逐年上涨以及网络零售占比的持续提升，不难发现我国线上电商潜力正在持续释放，线上消费显然已经成为主流消费渠道之一。而作为线上消费的有效补充，线下零售也具有无可替代的价值。首先，实体店铺购物所带来的场景化体验和社交功能是线上购物无法提供的。其次，由于线上零售存在的"最后一公里"等问题，对于快消品、生鲜食材等日常高频消费品，用户更倾向于线下采购。由此可见，单一的线上电商模式存在一定天花板，而这也为"线上＋线下"的新零售模式提供了发展的空间。

特点四：新模式

随着新一代消费主力的成长，全新的消费理念开始了对原有消费理念的颠覆。数据显示，我国 30 岁以下消费者，每月可支配收入在 6000 元以下，由于收入水平的制约，加上支付更便捷的趋势，这部分消费者的超前消费意愿更为强烈。此外，新一代消费群体的另一特点是更注重消费体验与消费品质。

在新一代消费者全新消费理念的影响下，品质化、个性化成为消费过程中考量的重要因素，由此形成的消费理念，同时催生了共享经济、消费金融等全新的消费模式。我们以共享经济为例，网约车、顺风车等出行共享方式，在一定程度上满足了消费者多元化的出行需求，同时也颠覆了传统出行市场。按照国家信息中心提供的共享经济市场交易额（约 4.92 万亿元）进行测算，目前共享经济产业占 GDP 的比重已接近 6%。

4. 消费升级引发的消费革命

近年来，随着投资、出口的增长进入减速期，消费正在逐步成为支持我国经济发展最为重要的拉动引擎。2017 年的政府工作报告指出，消费正在经济增长中发挥主要拉动作用。数据显示，2018 年全年最终消费支出对国内生产总值增长的贡献率为 76.2%，资本形成总额的贡献率为 32.4%，货物和服务净出口的贡献率为 –8.6%。与此同时，随着我国国民经济的发展与居民收入水平的提高，新一轮消费升级正在神州大地上如火如荼地进行着。

消费升级信号一：城乡居民收入高于 GDP 增速

居民消费升级和消费支出的不断增长，一定是在居民可支配收入不低于整体经济增速的前提下的。从当前变化趋势来看，自 2010 年以来，城镇居民人均可支配收入增速一直高于 GDP 增速。从 2015 年到 2018 年，全国城镇居民人均可支配收入分别是 31195 元、33616 元、36396 元和 39251 元。随着降低社保缴费等政策的继续推行，预计这一趋势还将得以延续。

消费升级信号二：服务性消费增大趋势日渐增强

当前，我国居民消费处于从商品消费向服务消费转变的上升期，居民用于服务性消费的支出大幅增加，而商品消费增长相对缓慢。

2014年至2016年，城镇居民用于医疗、教育、娱乐、旅游、交通等服务性消费的支出占比由35.7%上升到41%，上升了5.3个百分点，用于居住的支出占比也上升了1个百分点，而用于商品消费（食品和服装）的支出占比由43.2%下降到36.8%，下降6.4个百分点。至2018年，我国居民消费观念进一步从"占有商品"到"享受服务"转变，医疗、餐饮、家政、旅游等服务供给水平持续提升，带动了我国服务性消费支出快速增长。全国居民人均服务性消费支出8781元，占居民消费支出的比重为44.2%，比上年提升1.6个百分点。其中，人均饮食服务支出增长21.7%，家庭服务支出增长32.1%，医疗服务支出增长20.5%，包含旅馆住宿等在内的其他服务支出增长14.9%。

此外，随着人民生活水平的提高，我国城镇居民恩格尔系数不断下降，2016年已降至30%左右；2017年全年全国居民消费的恩格尔系数是29.3%；2018年全国居民恩格尔系数为28.4%，比上年下降0.9个百分点。食品消费比重的降低意味着消费者对于可选消费拥有更高的购买力，为消费升级奠定了基础。近年来，我国GDP保持平稳增长，2015年人均GDP超过8000美元。根据世界银行的衡量标准，人均GDP超过8000美元后由于财富的积累和整体经济发展，可选商品的种类和范围变宽，将推动消费迎来新一轮升级。

消费升级信号三：商品消费向品质消费升级

如今，越来越多的中国消费者选择到境外抢购日用品，而这正是我国居民商品消费升级的一个重要表现。

以生活家电为例，居民品质消费趋势表现为：更加注重技术革新所带来的生活智能化，如智能电视终端渗透率已达80%以上；更加注重节能环保，如居民在购买空调、冰箱和洗衣机时，首要考虑的因素是如何节水、节电等功能；更加注重健康与卫生，如空气净化器、净水设备、按摩椅、扫地机器人、吸尘器等，频频出现市场爆款；更加注重生活品位与艺术，如一体化的生活家电，智能手机的时尚、美感、颜色已经成为消费者购买时必不可少的考量元素。

再以食品消费为例。如今，我国方便面、碳酸饮料不但价格长期保持不变，销售也相对疲软，这从另一个侧面反映出国内消费者对食品饮料的需求正在改变，他们不再满足于低层次需求，而是向营养、健康、新潮等高层次需求进阶。

通过对消费环境和消费者行为的分析，不难发现我国目前正在进入新一轮的消费升级过程中，消费升级、消费投资已成为经济领域备受关注的重要话题。在这一背景下，消费经济的新模式将成为经济发展新引擎，而新的消费经济也必将引发一轮新的消费革命。

科技进步带来消费革命

仔细观察科技对我国消费经济的改变，就会发现其对消费升级的促进绝不仅仅是更多的消费金额或者更高品质的消费商品。事实上，科技为消费带来的改变更在于消费人群的消费心理被科技力量重新整合，消费升级在很大程度上是消费者的消费欲望被重置，产业链上的商业机构会基于全新的消费欲望构建新的产品、新的服务。从新科技推动消费的路径上看，有以下几个非常重要的关键点。

（1）智能手机和移动互联网的普及让消费行为不再受地点和时间的限制。

（2）大数据的应用让商家更加容易完成对消费者偏好的捕捉，进而实现精准营销。

（3）先进的物流让消费行为能够落地，能从线上最快速地进入生活之中。

新技术让消费者的消费行为变得更加便捷、快速，这也为商业机构产生了提供更好产品、更好服务的新手段。可以预见，消费升级不是在局部发生的，而是全面的荡涤，我们甚至可以说消费升级正在演进为消费革命，因为所有的参与元素都在变化，在这样一个过程中，已经很难再去定义传统和新兴。

消费革命的趋势

"90后""00后"逐步成长为主力消费人群，他们的消费观念更注重品牌、品质，更关注服务及个性化，更习惯线上消费和超前消费。"游戏控""二次元"等一系列时代标签也表明这些与科技进步共同成长起来的新一代消费人群，会更愿意接受新的消费场景，这也意味着新的消费偏好可能会变化得更快，这一偏好结合智能手机这种消费工具的普及，随时都会制造新的消费热点，当然也随时会有消费浪潮退去。

在消费行为上，我们将看到消费将更多地与内容相结合。从资本层面来看，无论是阿里巴巴、腾讯还是小米、京东，近年来都已经构建了自己的平台。这也意味着，未来消费行为可能是和内容体验相融合，人们可以一边欣赏内容，一边就为内容中展现的物品支付金钱。

5. 如何迎接消费升级

从经济学角度讲，消费升级指的是消费结构的升级，简单地说，就是各类消费支出在消费总支出的结构和层次的提高，其直接反映了消费水平和经济发展趋势。

从历史角度来看，我国消费升级共经历了两大阶段。

第一阶段，人们生活水平普遍较低，解决温饱问题是消费的主要需求，同时我国正向工业化过渡，对轻纺工业品的消费数量有所增加。

第二阶段，具有明显商品标志的耐用消费品的改变是核心内容。从20世纪60年代至80年代的老三件（自行车、手表、缝纫机）到90年代的新三件（彩电、冰箱、洗衣机）。2000年之后，随着人均GDP的迅速提升，汽车、住房等商品消费的增加成为消费增长的主要动力。

当前，随着消费水平的显著提升，以及新兴消费人群的崛起，传统的生存型、物质型消费开始让位于发展型、服务型消费，消费越来越多地被注入精神内核，成为满足消费者精神世界的外向延伸。在这一过程中，新一轮消费升级也由此到来。具体来讲，新一轮消费升级主要体现在以下两个方面。

一是消费结构升级。从需求层次理论和经济发展进程来看，消费结构变化呈现阶段性上升规律。人们的消费首先是满足基本的生存需要，其后随着经济增长和收入水平的提高，开始注重提高生活品质与生活价值，追求发展与享受型消费，消费领域也会随着产业的发展不断拓宽，涵盖教育、文化、娱乐、信息、旅游、低碳环保以及生活服务等各个方面。

改革开放以来，我国居民的生存型消费占消费总支出的比重不断下降。据统计，我国城镇和农村居民消费恩格尔系数分别由1978年的57.5%、67.7%下降到2017年的28.6%、31.2%，2018年，我国恩格尔系数降至28.4%，再创新低。发展和享受型消费比重则不断提高，城镇和农村居民交通通信、教育、文化、体育、旅游娱乐、医疗保健等消费占消费总支出的比重，分别由1981年的10.7%、7.8%上升到2017年的37.1%、34.8%，消费结构升级明显。2000—2017年，我国城镇居民人均交通通信支出年均增长38.3%，医疗保健支出年均增长17.6%，文教娱乐支出年均增长15.2%，居住支出年均增长11.8%，服务型消费支出的增长速度明显快于物质型消费支出。2018年，我国居民消费观念进一步从"占有商品"到"享受服务"转变，医疗、餐饮、家政、旅游等服务供给水平持续提升，带动我国服务性消费支出快速增长。全国居民人均服务性消费支出8781元，占居民消费支出的比重为44.2%。其中，人均饮食服务支出增长21.7%，家庭服务支出增长32.1%，医疗服务支出增长20.5%，包含旅馆住宿等在内的其他服务支出增长14.9%。

二是消费场景升级。曾经，实体店是消费的主流渠道。之后，随着互联网技术的成熟，线上消费开始为人们所接受。如今，随着移动端互联网消费模式的崛起，线上线下融合模式开始大行其道。事实上，从互联网企业到线下传统企业，纷纷开始探索新模式。比如，马云提出，线下与线上零售将深度结合，加上现代物流，服务商利用大数据、云计算等创新技术，构成未来新零售。

随着消费升级，特别是新零售时代的到来，消费者对"场景"的需求更多进入"物联网"概念阶段，这一时期，就要有消费的实体——产品，同时也要在产品交易空间内赋予更多可追踪的内容，从前端讲，包括向消费者提供产品的可追踪信息和故事，从后端讲，还要有AI、VR等新技术手段支撑的消费体验赋能。事实上，在新消费时代，消费者对企业的更高需求是，无论消费品是在线下实体店，还是在线上任何一个渠道，都能迅速、快捷、安全地让自己买到所需的产品。

为了迎接这新一轮的消费升级，企业可以从以下四个方面着手。

开启个性化发展之路

一般来讲，大部分传统企业都想把产品卖给所有人，男人、女人、老人、孩子……为此，很多企业并不知道自己的产品最适合哪种用户。在消费升级的背景下，传统企业应该放弃大众化的销售路线，找到属于自己的精准目标受众，把产品做到最符合用户的个性需求，塑造品牌体系，与特定用户形成良好的沟通和服务。

建立更具活力的品牌形象

品牌形象是否年轻、是否具有活力，与行业、产品并没有直接关系。已具有150年商务基因的奔驰车，设计却越发时尚创新。同样，已经诞生100年的可口可乐，依然保持活力四射的形象。而高科技的苹果公司，则把创新科技与时尚玩得炉火纯青。品牌与产品的悠久历史可以在其他层面体现，年轻且具有活力的品牌形象才是消费者更愿意接受的。

文化创意、健康养老、旅游娱乐等产业与实业融合发展，实体企业建设集餐饮、购物、旅游、休闲、娱乐等服务于一体的体验式商业综合体、智慧商圈,实现多行业、多业态跨界融合,培育新的消费供给方式,同时激活市场消费潜力。

找到属于自己的利润区域

用户的需求升级需要商家花时间去培养,具有需求的用户处在分散状态时,就需要企业把有限的资源投入到最容易被打动的细分人群中去,尽可能地把主要精力花在最容易带来业绩增长的营销策略上,尽快找到属于自己的利润区,让企业得以生存下来,从而等风来。

打造共享平台

在消费升级的背景下,"互联网+金融+产业"将成为行业重组的主要模式。为此,传统企业需要放开思路,打造平台化的模式,让更多有资源或者有能力的人可以加入到你的事业中来,通过共同分享利益,从而实现共同发展,形成巨大的产融一体化平台。

在"互联网+"和服务经济发展的时代,制造业、服务业、流通业的互联网跨界融合趋势将会更加明显。顺应这一趋势,深入实施"互联网+流通"行动计划,利用互联网、云计算、大数据等新技术,推动实体零售企业发展线上业务、网络零售企业向线下体验店拓展,实现线上线下融合创新。

随着新消费时代的到来,消费者对产品和服务的期待已经发生本质的改变。此时,消费的升级,绝不仅仅是消费品位转变,消费理念的提升,更为重要的是,消费者开始追求更高的精神享受与体验。在新消费经济时代,如何打造更符合用户体验的产品将成为企业的核心竞争力。而传统企业只有抓住消费升级的机会,积极主动地迎接新消费时代,才能实现可持续的优质发展。

第二章

中国消费经济的演进之路

1. 传统消费的三次变迁

1978年，我国走上了改革开放之路，从此让经济发展进入了前所未有的高速增长阶段。随着社会生产力的极大释放，人们的生活水平迅速提高，而随着不断繁荣的经济和日渐成熟的科技发展水平，我国正向全面小康的目标稳步迈进。

在社会的现代化发展进程中，国内消费需求也在不断改变，从最初的温饱型到之后的小康型，再到如今的富裕型个性化消费。我们可以清楚地感受到，国内消费者的消费需求在经济建设的大潮中一直都在发生转变。事实上，任何消费需求的变迁都与当时的社会供给结构、收入水平及消费文化密不可分，由此我们可将我国居民消费需求的变迁分为三个时代。

消费 1.0 时代：1978 年到 20 世纪 80 年代末

1978年，党的十一届三中全会开启了改革开放的新征程。经过经济体制改革从而得到释放的社会生产力，彻底改变了生产关系和生产要素的配置。与此同时，经济供给能力的迅速提高带来了市场供给的极大丰富，消费者靠票证消费的时代由此终结，而后人们开始了面向市场、自由选择的消费时代。

家用电器的使用与推广是这一时期人们消费的重要特征。全国各地开始大量引进新兴家电生产线,电视机、洗衣机、电冰箱等电器开始走入寻常百姓家。家用电器的使用和推广是我国将工业化、信息化发展成就延伸至居民消费生活的表现。可以说,以家用电器生产和供应为代表的这一时期,我国经济步入了以满足市场消费需求为重要导向的新增长期,也由此加速了经济结构向"轻型化"的转型。

消费 2.0 时代:20 世纪 80 年代末到 21 世纪初

1984 年,以城市为重点的经济体制改革大幕正式拉开。1992 年,确定经济体制改革的目标是建立社会主义市场经济体制,我国经济步入发展的快车道。虽然在这一阶段,经历了 1997 年的亚洲金融危机,但我国城乡居民的恩格尔系数(食品支出总额占个人消费支出总额的比重)依然保持稳步下降,尤其是城镇居民的消费水平,更是到了从小康型向富裕型转变的关键时刻。

这一时期多数城市职工家庭实现了从电冰箱、洗衣机、收录机和电视机的"三单一黑"转变为"三双一彩",即单门冰箱变为双门冰箱,单缸洗衣机变为双缸洗衣机,单卡收录机变为双卡收录机,黑白电视机变为彩色电视机的消费升级。与此同时,广大农民购买力的提升,也让自行车、缝纫机、收音机、手表等消费品进入普通农民家庭。

消费 3.0 时代:21 世纪初到现在

在全球金融市场发展趋缓的背景下,我国经济同样面临较大的增长压力。然而,经过一系列宏观调控措施,我国经济实现了"软着陆"。尤其是在一系列启动内需政策的刺激下,居民消费呈现加快增长的态势。1998 年,我国进入了住房分配货币化阶段,住房改革进入深水区。自此购买商品房成为城镇居民消费生活中的一大重头戏。此外,这一时期汽车消费也日益兴起,汽车销售呈现爆发式增长。这一时期内,我国城镇居民逐步从小康型向富裕型消费水平转变,比农村居民的转换步伐更快;居民消费生活进入一个以提高生活质量为重心的新时期。

这一时期,发展型、享受型消费比重明显上升。相当部分的城镇居民生活水平进入全面小康水平,少数进入富裕消费阶层。消费层次递进明显,消费热点多样化,以住房、汽车、教育、旅游、娱乐、体育、休闲、通信及数码电子消费等多样化消费品和服务为主要消费内容的消费热潮持续升温,成为我国居民消费迈向更高层次发展的重要标志。

经过系统的梳理之后,我们不难发现,改革开放以来,我国经济社会的消费一直在发生着改变,每次消费经济的变化都是在上次基础上的革新,并且在完成新的转变的同时,消费者的需求与特征也在发生巨大的转变。

2. 商业变局与消费变化

随着我国经济从快速的投资驱动型增长模式，转向更持续、更高价值的消费驱动型增长模式，我国经济已经进入新常态，商业格局也随之发生转变。近年来，在新理念、新技术、新模式的冲击下，商业形态变革呈现以下几种趋势。

趋势一：互联网加剧商业体系重构

互联网在生产要素配置中的优化和集成作用，提升了经济的运行效率与创新效率。电子商务的兴起和智能终端的普及，极大地拓宽了商业交易的广度和深度，让每个人都能随时随地参与到市场经济活动中，商业格局发生了前所未有的变化。跨界共享资源更加快捷高效，技术创新与商业模式创新速度的加快，让越来越多的企业获得了系统性和平台性的运作能力，从而加剧了传统企业体系的分化和重构。

趋势二：新零售给商业格局带来的巨大变化

经过网络零售的快速崛起，如今又出现两类给商业格局变化带来更大想象空间的新模式。

其中一类是生态整合型电商平台的异军突起。这类电商通过互联网把大批分散、无序的商业机构、生活服务机构以及中小商户组织起来，成为生态化发展的共享经济。这是互联网平台企业的又一创新模式。另一类则是制造业巨头对市场纵向垂直整合的新零售模式。这类企业以市场为导向，以大数据应用为支撑，以产品和技术标准为纽带，展开市场垂直整合，在生产者和消费者之间搭建起一条高效便捷的通路。

趋势三：新兴技术全方位影响商业形态的呈现

2017年5月17日召开的国务院常务会议指出，要深化供给侧结构性改革，以市场为导向，以企业为主体，强化创新驱动和政策激励，把发展智能制造作为主攻方向。根据智能制造的定义描述，智能制造离不开精益业务流程、跟踪生产全程、数字化升级生产设施、处理数据、保护技术信息资料等。而这些技术的应用，必将对商业形态产生重要影响。

2019年6月6日上午，工业和信息化部正式向中国电信、中国移动、中国联通、中国广电发放5G商用牌照。以5G商用牌照的颁发为分水岭，中国进入了5G商业元年。以国内三大运营商的建网能力来看，基本上能实现重点城区的连续覆盖，5G将很快进入普通民众的生活。

随着供给侧结构性改革的深入推进和5G商用牌照的发放，基于技术的商业基础设施建设以及传统企业的转型升级，必将推动商业格局的改变。与此同时，以去中心化、公开透明、每个人均可参与数据库记录为显著特征的区块链技术，也让网络交易的信用得到了更安全、可靠的保障。在此基础上，从支付、贸易、保险等以信用为核心的产业逐步渗透扩张，直至大多数行业都被区块链赋能，由此可见，未来区块链技术将对商业形态产生全方位的影响。

在新技术、新思维、新模式的冲击下，商业格局的变化日趋明显，而随着商业格局的变革，我国消费市场也出现新的变化和新的特征。

特征一：消费需求多层次与多样化

对于人类的需求，美国心理学家亚伯拉罕·马斯洛把人的需求分成生理需求、安全需求、社会需求、尊重需求和自我实现需求 5 类，依次由较低层次到较高层次。在马斯洛看来，人都潜藏着这 5 种不同层次的需求，但人们在不同的时期表现出来的各种需求的迫切程度是不同的。人的最迫切的需求才是激励人行动的主要原因和动力。人的需求是从外部得来的满足逐渐向内在得到的满足转化。

众所周知，消费分为生产消费和个人消费。一方面，生产过程也就是消费过程；另一方面，消费过程也就是生产过程，甚至工人的个人消费，在一定限度内，也不过是资本再生产过程的一个要素。同时，生产消费和个人消费存在区别，后者把产品当作活的个人的生活资料来消费，而前者把产品当作劳动，即活的个人发挥作用的劳动力的生活资料来消费。因此个人消费的产物是消费者本身，生产消费的结果是与消费者不同的产品。

由此可见，人的需求是层次性上升的，而这也注定了消费的层次性与多样性特征。

在新的经济时代，已经满足生存需求的人们开始追求消费的多层次性与多样化，因此，居民消费需求多元化的态势将日趋明显。

特征二：消费领域开始不断外延

20 世纪 80 年代，城乡居民的消费尚处在温饱水平，消费领域主要集中在衣、食、用三个方面；20 世纪 90 年代，居民消费由温饱水平向小康水平跨越，消费领域开始扩展，主要包括衣、食、住、行以及交通通信、教育文化等方面；自 21 世纪以来，居民生活逐步向富裕型迈进，消费领域进一步扩展，在衣、食、住、行之余，交通通信、教育文化之外，人们开始关注旅游度假、休闲娱乐以及医疗保健等方面。值得一提的是，即使在同一消费领域，现在的内涵和外延较之前也都有了重大改变。

特征三：消费方式创新升级

随着时代的发展，消费观念和消费方式也迎来新的转变。首先，消费观念的变化，让居民的消费从追求标准化、大众化向追求个性化、时尚化转变。其次，随着经济与科技的发展，消费方式也变得层出不穷。从刷卡消费、贷款消费再到网络消费、移动智能消费，花样繁多，而随着消费方式的创新升级，消费也变得更加轻松、便捷。

特征四：消费主体迎来转变

在居民消费方式与消费内容越来越多样化的背后，是消费主力人群的转变。从年龄结构来看，我国新兴的中等收入人群年龄在30岁到45岁，而未来35%的消费者将来自新一代中等收入人群。这些主力消费人群对新兴事物的接受度更高，也更敢于消费。未来的消费主体，大多受到过良好的教育，所以他们更注重生活品质，在同等条件下，他们更愿意花费更高的价格去获取更高质量的产品和更优质的服务。

3. 传统消费的新趋势

近年来，我国经济结构发生了巨大变革，其中改变最大的就是消费替代投资，成为经济增长的首要驱动力。如今，我国已经成为世界上增长最快的消费市场之一，而随着新兴消费群体的崛起，以及消费行为和生活方式的改变，传统消费也出现新的趋势。

趋势一：信息消费规模持续扩大

从当前消费现状来看，信息消费已经成为经济增长的加速器。统计数据显示，信息消费每增加100亿元，就会带动国民经济增加338亿元，信息产业对培育和创造消费需求具有极大的推动作用。自2013年国务院发布《关于促进信息消费扩大内需的若干意见》以来，这一消费领域便呈现出更加活跃的发展趋势，其中生产、生活和管理领域的信息产品和服务也变得更加丰富，信息消费示范作用明显，居民信息消费的可选择性更加广泛，消费意愿也日渐增强。

近年来，随着移动网络、大数据、云计算等信息技术的应用，相关基础设施的建设更加完善，智能手机、智能硬件产品等移动互联网终端的快速普及，都为信息消费创造了良好的条件。截至2017年12月，我国网民规模达7.72亿元，互联网普及率为55.8%。截至2018年12月，我国网民规模为8.29亿元，全年新增网民5653万人，互联网普及率达59.6%。基于移动互联网的应用从娱乐业转向交通、医疗、金融等领域，家庭宽带接入、网络视频、手机支付等业务已成为信息服务消费的重要增长点。2017年我国信息消费规模达到4.5万亿元，占最终消费支出的比重达到10%。《中国互联网产业发展报告（2018）》显示，2018年，我国信息消费市场规模继续扩大，信息消费的规模约5万亿元，同比增长11%，占GDP比例提升至6%。信息服务消费规模首次超过信息产品消费，信息消费市场出现结构性改变。预计2020年信息消费规模将达6万亿元。

趋势二：服务消费比重不断上升

相关研究调查机构表示，当人均GDP超过3000美元，消费向享受型转变的特征将会愈加明显，中高端消费比重加大，居民用于文化娱乐、旅游等休闲领域的消费将持续增加。2017年我国人均GDP超过8800美元，2019年GDP总量达到99.1万亿元人民币，继续牢牢保持全球第二的位置。城镇居民用于居住、医疗保健、交通通信、娱乐休闲、文化教育等的消费支出显著提升。特别是随着城镇化进程的加快，居民生活水平和质量的逐年提高，服务消费需求逐步得到释放，第三产业发展速度明显加快。而随着第三产业发展的不断加速，文化、娱乐、休闲、旅游等服务消费也将快速提升。

趋势三：休闲娱乐、健康保健成为新消费热点

随着人们生活水平的提高，以及带薪休假制度的落实，大部分人有了更多休闲娱乐的时间，而这极大地带动了休闲度假这一旅游业态的兴起。当度假旅行成为一种新的消费潮流，传统以观光为主的旅游功能已不再适应消费者广泛而多样化的休闲需求，度假旅游的内涵也变得更为多样化，休闲娱乐、身心健康、参与体验等功能的提升，才能更好地满足居民多层次、个性化的消费需求。

如今,健康逐渐成为居民关注的热点话题,健康消费也越来越受到人们的重视。而在健康消费中健身消费、养老和家庭服务消费则是重点。特别是随着"独子养老"时代的到来,居民对养老和家庭服务消费的需求更加迫切。其实,老年人在健康方面的消费需求是多方面的,其中包括生活照料、医疗保健等,此外精神慰藉需求也不容忽视,而这都将成为新的消费热点。

中国社会科学院财经战略研究院、中国社会科学院旅游研究中心及社科文献出版社在京联合发布的《休闲绿皮书:2018—2019年中国休闲发展报告》认为,健康与老年休闲消费成为休闲消费新热点。自2019年以来,北京、上海、山东等十余个省份相继宣布取消养老机构设立许可,大大降低了养老机构的准入门槛。在"银发浪潮"之下,中国的养老服务市场化改革步伐正在提速。

2019年8月12日,国办发布《全国深化"放管服"改革优化营商环境电视电话会议重点任务分工方案》。方案指出,大力发展服务业,采用政府和市场多元化投入的方式,引导鼓励更多社会资本进入服务业,扩大服务业对外开放,结合城镇老旧小区改造,大力发展养老、托幼、家政和"互联网+教育""互联网+医疗"等服务,有效增加公共服务供给、提高供给质量,更好地满足人民群众的需求。

趋势四:网络消费持续走俏

随着网络技术的不断提升,网上消费模式也在不断创新,而随着电子支付方式、移动通信技术以及物流配送体系的日趋完善,网络消费将为更多居民所接受,电子商务、微商等新型消费业态将成为支撑经济增长的新动力。国家统计局公布的数据显示,2017年网上零售额

71.75万亿元，同比增长32.2%，其中，实物商品网上零售额5.48万亿元，同比增长28%，占社会消费品零售额的比重为15%，非实物商品网上零售额1.68亿元，同比增长48.1%。2018年1月至12月社会消费品零售总额380987亿元，比上年增长9%，最终消费支出对国内生产总值增长的贡献率为76.2%，消费作为经济增长主动力的作用进一步巩固。我国已成为全球第一大网络零售市场。

趋势五：绿色消费稳步提升

近年来，随着环保运动的发展，绿色消费越来越被关注，绿色食品、绿色家电甚至绿色出行、绿色住宅等已经为越来越多的消费者所接受。事实上，随着居民收入水平、消费水平的提高，以及环保节能理念的提升，人们对健康、环保的要求也在不断增强，绿色、低碳消费开始成为一种新的生活潮流，空气净化器、新能源汽车、环保家具建材、无公害有机食品等绿色健康消费需求增长尤为显著。可以说，以中国环境标志为代表的绿色产品已形成每年超过1000亿元的消费市场。

4. 消费升级的四种形态

当前，我国居民收入持续增长，已经进入消费需求日益广泛、消费形态不断升级的新阶段，消费升级已经形成了以下四种形态。

形态一：由实物消费不断向服务消费升级

随着人民生活水平的提高和供给水平的提升，居民消费的一个显著变化就是更加注重服务消费。据国家统计局对 2018 年消费市场的测算，我国消费形态由实物消费加快向服务消费转变。大众餐饮、休闲旅游、文化娱乐、教育培训、健康养生等服务消费成为新热点。

在大众餐饮消费方面，餐饮收入增速高于商品零售，并已逐步形成业态互补、高中低档协调发展、中外餐饮融合促进的发展格局。2017 年，在社会消费品零售总额中，餐饮收入 39644 亿元，是 1978 年的 723 倍，年均增长 18.4%，比社会消费品零售总额年均增速高 3.4 个百分点。2018 年餐饮收入市场规模首次超过 4 万亿元，增速比商品零售高 0.6 个百分点。

在旅游消费方面，旅游市场持续增长，居民出游方式多种多样。旅游对于许多中国人来说已成为日常生活刚需。在北京举行的 2019 年全国文化旅游局局长会议指出，2018 年，我国的旅游消费量保持了持续增长态势，国内游客人数达到了 55 亿人次，我国公民出境游达到了

1.48亿人次，旅游业总收入达到5.99万亿元。从2012年至2018年的旅游业数据来看，全国旅游收入保持两位数的稳定增长。2014年，全国旅游收入达到3.73万亿元，同比增长26.4%。随着近年来全球旅游业和冰雪旅游业的发展，2015年到2018年，中国旅游业的增长速度持续加快。

在文化娱乐消费方面，文化和旅游部党组成员王晓峰在国务院新闻办公室于2019年1月30日举行的新闻发布会上表示，2018年，全国居民文化和旅游消费人均支出2226元，占人均消费支出比重为11.2%。居民文化和旅游消费的持续扩大，也催生了许多新业态和新消费模式。

在教育培训消费方面，行业发展报告显示，近10年我国教育市场的年均增速高达16%，我国居民教育培训消费意愿呈明显上升趋势。据统计，校外教育培训的成人用户中，以职场新人和大学生为主，占到82.8%。用户的学历以大学本科为主，占比达到86.4%。其中，早教培训中0~6岁孩子的是兴趣类早教班渗透率最高的，超过60%；其次是儿童启蒙知识类的早教班，超过50%；英语类的早教班超过45%。2018年青少年的艺术培训市场规模在5000亿元左右，艺术考试的规模在500亿元左右，成人艺术培训近两年增速明显，也达到了500亿元的市场规模。针对学龄阶段到小学一年级和高中三年级的教育培训中，用户渗透率最高的教育培训是英语，为81.4%；兴趣素质培训为52.8%；数学培训为46.9%，语文培训为22%；游学培训为20.1%。平均每个家长让孩子参加过2.6种课外培训班。此外，还有一部分成人用户，仅仅是为了满足自己的兴趣爱好而走进培训机构。音乐、美术、体育，甚至是茶艺、厨艺等教育培训机构，都纷纷推出了成人班。

在健康养生消费方面,《2018国人健康大数据报告》显示,一线城市对健康内容的消费大于二、三线城市。男性最关注肺癌,同时它也是男性癌症发病率最高的疾病;女性最关注胃癌,这与女性喜欢吃,同时更注重肠胃健康有关。30岁以上年龄的人更关注"糖尿病、胆固醇、营养、长寿、癌症"。50岁左右人群对健康的关注度是25~35岁人群的2倍。

大众餐饮、休闲旅游、文化娱乐、教育培训、健康养生等新兴服务消费正多点开花,充分体现了消费升级的大趋势,显示出我国经济的活力。这些垂直领域的企业要洞察市场,分析需求,根据自己的企业实际,并充分利用新技术手段,为消费者打造满意的产品和服务,这样才能不负消费者的期望。

形态二:由服务消费向提质增效消费升级

从国际通行指标恩格尔系数在这几年连续下降的趋势来看,说明居民消费中非实物性支出在总体上升。当然,消费升级不仅要看"量",更重要的是要看"质"。

美国纽约的康奈尔大学心理学家托马斯·吉洛维奇认为,为了得到最大化的快乐,人们常常需要在消费"体验"和消费"物质"这两者的比例上进行权衡。为了能够帮助人们更好地做出消费决策,托马斯·吉洛维奇通过实证研究告诉人们,相比"物质","体验"带来的乐趣更加持久,而且等待"体验"的过程令消费者感到更加"兴奋"。诸如滑雪场、音乐会等"体验",因为这个过程相对较长,所以这类体验带给人的快乐会更多。

新消费时代,人们的消费需求已经不再局限于满足基本的生活需要,而是更加注重商品质量和服务质量,更加注重品牌和美誉度,尤

智慧消费经济新模式

其是更加注重消费体验以及由此带来的精神上的愉悦。现实中，从不差钱的"买买买"到深度体验，从"温饱型"向"品质型"的跨越，无不体现了从服务消费向提质增效消费的升级。

在提质增效消费之下，企业的竞争必须改变传统的"低端价格战"思维，用"高端品牌战"思维聚焦产品本源，注重品牌价值，让品牌为消费者带来最佳体验和精神享受。只有这样，才能使品牌实现溢价，从而获得经济效益和社会效益。

形态三：由普通商品消费向中高档消费升级

我国消费升级的另一种形态是由普通商品消费向中高档消费转变。比如，中高端消费品的销售增长速度快于其他商品的销售增长速度。2018年，限额以上单位化妆品、通信设备和家用电器的增长率比限额以上单位商品零售额平均增长率分别高3.9个、1.4个和3.2个百分点；汽车产品中的运动型和新能源汽车的销售比例有所增加，新能源乘用车销量突破100万辆，高于2017年的增速。

中高档消费人群有自己的情感偏好以及特殊的行为习惯和价值观。比如，对有的人来说，消费"好物"，是为了获得"美好生活的馈赠"，是为自己内心真实的感受而活，希望通过高端消费来获取相当的贵族式生活体验。而对另一些人来说，则更注重身份和财富地位，常常以奢侈高端物品在一个特定的生活圈子里显示自身财富与身份地位。还有一些人会将富余资金用来做投资，比如选择股票、基金、国债、期货等进行投资。

我国正处于中高端消费快速提升期，这对经济增长的拉动将进一步增强。企业如果能够精准锁定高端客户人群，为他们量身定制产品与服务，将引爆新的增长点。

形态四：由线下消费向线上线下相结合消费升级

随着移动互联网的快速发展和消费方式的不断升级，O2O（线上线下）产业在全国各地如雨后春笋般涌现。"把以互联网为载体、线上线下互动的新兴消费搞得红红火火"已于2015年写入政府工作报告，这更是将O2O模式推向了一个国家层面的新高度。

线上指的是跟互联网有关的一些平台，比如线上商城、微信小程序等这类可以让消费者在网上进行消费的应用以及小程序。线下就是到实体店去消费和体验。线上消费和线下消费各有利弊。一是在方便性上，线上购物不受时间、地点限制，不过在货物的配送速度问题上，网购就不如线下购物方便。二是在价格上，线上购物要比线下实体店价格便宜，因为网店不需要花钱租店面以及其他一系列的花费，这样就可以省下很多成本与实体店拼价格，另外不少网店店主是一手商，拿货价要比很多实体店经营者还要低。不过里面不排除有黑心店主将次货混在里面将价位变低。三是在产品信息上，在线上网店可以获得最大的信息量，而线下实体店在这方面多有不足。四是售后问题。线上购物的缺点之一就是消费者往往得不到发票，产品得不到保修服务，消费者要想进行维权会很难。五是安全性问题。网上支付不需要怀揣巨款或拿着信用卡刷卡就可以安心支付，但网上支付也有风险，因为网上盗号盗密码的也大有人在，而且更不好应付。对于这些问题，采用线上线下相结合消费的方式就可以有效地解决，因此出现了由线下消费向线上线下相结合消费升级的新形态。

通过线上线下相结合的消费方式，消费者可以在线上完成订购，然后再去线下进行体验消费，这就消除了消费者多方面的顾虑和不信任的心理，不仅使消费者能够挑选到心仪的物品，也能亲自体验购物的过程。毕竟，消费是一种释放压力的方式，而购物也是一种快乐的方式。

随着O2O商业模式的发展，不仅改变了传统企业的营销服务模式，也引导电商行业由规模化逐渐向多元化发展。O2O模式下，消费者可以享受更多优惠、优质的服务，商家则可以增加更多的客户，开展精准营销，实现商业模式创新，拓展多元化盈利模式。

综上所述，我国居民消费升级有四种形态，即由实物消费不断向服务消费升级、由服务消费向提质增效消费升级、由普通商品消费向中高档消费升级和由线下消费向线上线下相结合消费升级。这表明消费作为经济增长主动力的作用进一步巩固。在消费驱动之下，供给侧结构性改革将进一步深化，为持续促进消费提供政策保障，如此则消费规模还将逐步扩大，消费升级态势还将持续。

5. 中等收入群体规模扩大

党的十八大以来,我国城乡居民收入增速超过经济增速,中等收入群体持续扩大,居民消费水平不断提高。近年来,"消费升级"已经成为屡被提及的高频词,在"消费升级"大背景下,日益壮大的中等收入群体队伍,将带来产品、文化消费等与生活质量及审美相关的消费大幅提升,最终将改变我国产业结构及消费结构。

2019年年初,国家统计局局长宁吉喆表示,我国拥有全球规模最大、最具成长性的中等收入群体,国家统计局做了内部测算,2018年该群体就已经超过了4亿人。可以肯定的是,未来这一数字还会增加。

我国恩格尔系数整体走势

恩格尔系数是指食品支出总额占个人消费支出总额的比重。19世纪德国统计学家恩格尔根据统计资料,对消费结构的变化得出了一个规律:一个家庭收入越少,家庭收入中(或总支出中)用来购买食物的支出所占的比例就越大,随着家庭收入的增加,家庭收入中(或总支出中)用来购买食物的支出比例则会下降。推而广之,一个国家越穷,每个国民的平均收入中(或平均支出中)用于购买食物的支出所占比例就越大,随着国家的富裕,这个比例呈下降趋势。

与经济学中很多其他指标"越高越好"不同,恩格尔系数是一个

智慧消费经济新模式

"越低越好"的指标。根据联合国粮农组织提出的标准,恩格尔系数在60%以上为贫困,50%~59%为温饱,40%~49%为小康,30%~39%为富裕,30%以下为最富裕。

改革开放40多年来,我国整体的恩格尔系数走势如何?2013年以前,我国恩格尔系数是城镇与农村分别统计的,2013年后按新口径合并统计。从《中国民政统计年鉴》的数据上来看,作为改革开放起点的1978年,当年我国城镇居民家庭的人均生活消费支出为311元,恩格尔系数为57.5%;而当年我国农村居民家庭的人均生活消费支出为116元,恩格尔系数为67.7%。

我国恩格尔系数从2013年的31.2%降到2014年的31%,2016年进一步下降到30.1%,2017年再降为29.3%。国家统计局局长宁吉喆在一次新闻发布会上介绍,2018年全国居民恩格尔系数为28.4%,比上年下降0.9个百分点。他说,恩格尔系数下降,说明居民消费中非食物性支出在总体上升。这在消费的统计数据中有明显体现。2018年服务消费持续提升,国内旅游人数和旅游收入都增长10%以上,电影总票房突破600亿元,增长将近10%。文化消费、信息消费、教育培训消费、健康卫生消费都在迅速增长。就"社会消费品零售总额"这个指标而言,旅游、文化、卫生等服务性消费还没有被纳入。尽管这样,2018年仍然增长9%,这个速度不低。

从31.2%下降到28.4%,反映出了消费升级的步伐,而最能够反映消费升级的就是我国目前已经形成了近4亿人的世界最大规模中等收入群体。

需要注意的是,在关注恩格尔系数持续降低的同时,我们要清醒地认识到,现实的复杂性往往超越一个简单的经济学系数。在全面建成小康社会的道路上,关注每一个普通人的获得感,比关注一个系数更具温度也更为精准。

中等收入群体的标配

中等收入群体是一个地域在一定时期内收入水平处于中等区间范围内的所有人员的集体,是随着社会经济发展改变而改变的中等收入群体的集体的总称概念。

随着国家经济水平的提高,老百姓的收入也渐渐跟着升高,很多农村家庭也逐步实现了小康,人们的收入从低等收入进入了中等收入。

"有房有车,有一定的金融资产",这是中等收入群体的中国式表达。对于中等收入群体的测算标准,即中国典型的三口之家的年收入在10万元至50万元之间,中国有4亿人,有1.4亿个家庭,具有购车、购房、闲暇旅游的能力。

事实上,持续扩大的中等收入群体对我国经济持续平稳增长形成了有力支撑。我国持续的国内社会消费需求强劲、中等收入群体扩大,以及消费品质提升,消费环境尤其是信用环境改善,进口市场空间不断扩大,已经形成了强大的国内市场;与此同时,也会对全球经济产生重要影响。

6. 中国已成全球主要终端消费市场

市场需求本身就是资源,而且是全球性的稀缺资源。我国的消费经济演进到今天,市场规模位居世界前列,对世界经济增长贡献持续多年位居世界首位,正日益成为全球最主要的终端消费市场,并且发展潜力巨大。

中国进口的商品和服务逐年增加

2012年以来,我国进口额一直在1.5万亿美元至2万亿美元之间。2013年进口额为1.95万亿美元,2014年进口额为1.96万亿美元,2015年进口额为1.68万亿美元,2016年进口额为1.6万亿美元,2017年进口额为1.7万亿美元,2018年进口额超过了2万亿美元,占全球进口额的9.9%。中国海关数据显示的2019年上半年进口额为6.72万亿元人民币。进口规模的扩大与加速,为贸易伙伴创造了上千万个就业岗位,对世界经济增长的贡献率持续多年超过30%。

中国的进口对世界产生了广泛的影响。例如,中国进口地区的分布高于美国,中国是41个国家和地区的最大进口国,而美国只有36个。其中,对亚洲、非洲、大洋洲、南美洲、东欧的进口份额超过了美国。中国市场的规模是世界上最大的,随着中国及全球经济结构进一步向消费倾斜,中国将进口更多的消费品,很有可能成为推动全球奢侈品消费的主力军,比如许多欧美奢侈品牌严重依赖中国消费者的消费。

在过去10年间,中国的年进口增长率比美国高6%左右。根据这一计算,中国将在2022年之前超过美国,成为世界最大的进口国。有机构预测,在未来15年内,中国的进口商品将超过30万亿美元,中国的进口服务将超过10万亿美元。

进口反映了中国的消费能力

中国的进口不仅证实了"中国制造"的崛起,表明中国是铁矿石、原油、大豆等原材料的第一大进口国,还是集成电路、液晶显示器等零配件的第一大进口国;而且在全球贸易当中,进口产品中消费品的进口比例迅速上升,从而更广泛地展示出了"中国消费"的强大一面,反映了中国强劲的消费能力。

拥有更强消费能力的国家都拥有更多的进口,也会对其他国家产生更大的影响力和吸引力,对全球经济增长的贡献也会越来越大。随着中国高端商品需求的增长,服务消费市场的扩大,以及国内外消费一体化,在经济全球化背景下,消费资源将成为稀缺资源,从而带动我国的经济生产、吸引外资,促进产业增长和繁荣。

第三章

从互联网金融到物联网新消费经济

智慧消费经济新模式

1. 互联网金融的崛起

互联网金融并不是金融与互联网的简单结合，而是借助互联网技术、移动通信技术实现资金融通、支付和信息中介等业务的新兴金融模式，它是既不同于商业银行间接融资，也不同于资本市场直接融资的融资模式。互联网金融包括三种基本的企业组织形式：网络小贷公司、第三方支付公司以及金融中介公司。当前商业银行普遍推广的电子银行、网上银行、手机银行等也属于此类范畴。互联网金融的特征表现在信息处理、支付方式、资源配置三个方面。

信息处理

社交网络的形成扩展了信息传播的途径；搜索引擎的应用将已有的信息进行了筛选分类，提高了信息检索和产生结果的速度；云计算将大量的信息集合到了一起，能够快速地进行信息处理，形成了可以以各种需求类型为搜索条件的搜索方式，提高了获取信息的速度，解决了信息不通畅的问题。

支付方式

随着时间的流逝，人们生活水平不断提高，百姓购物付款方式也在不断变化。从凭票排队购物、现金付款到刷卡消费、移动支付，支付方式的变化也是经济发展和社会进步的见证。互联网在线支付是以各大银行的开户存款为基础，通过移动支付的方式实现在线付款下单，通过互联网方式真正实现了支付交易的全过程电子化。

从微观层面上说，互联网支付直接涉及用户的财产安全等切身利益，从宏观层面上，还关系到国家金融体系的稳定。例如，第三方支付公司拥有巨额的沉淀资金，获得了开展金融业务的潜在能力，能够对整个金融体系产生影响。从保证国家金融安全的角度来看，政府监管肯定是十分必要的。

资源配置

用户的资金信息可以在互联网上发布，并能够寻找到合适的交易对象。交易双方可以通过互联网进行直接的沟通和交易，实现完全公平合理的交易，使得交易过程完全透明化。需要寻求个人投资、企业融资的用户都可以通过这个方式来解决。

虽然互联网金融在我国的发展极为快速，但是互联网金融被大众接受并呈现爆发式发展则是以支付宝推出"余额宝"为标志的。2013年6月余额宝诞生，2013年短短半年时间内其用户量已突破4303万人，而其资金规模达到1853亿元。之后，随着余额宝用户量和资金规模的不断提升，互联网金融也逐渐成为大众津津乐道的话题。如今，在第三方支付、大数据金融、众筹、消费金融、供应链金融、区块链金融、网络银行、网络保险等金融模式蓬勃发展的态势下，可以说互联网金融正在快速崛起。

互联网金融的发展之迅速我们有目共睹，支付方式和科技的进步为互联网金融的发展提供了强有力的动力。互联网金融的出现，改变了传统金融模式，其开放化、透明化的特点，不仅实现了资源的共享，同时也解决了市场信息不对称的问题，从而节约了交易成本。而这些优势都是传统金融所不具备的，也因此造就了现代互联网金融势不可当的发展劲头。值得一提的是，除了互联网金融自身的优势所在之外，以下几个因素对互联网的崛起也起到了推波助澜的作用。

因素一：互联网经济带来的风口

2013年左右，国内市场掀起了互联网颠覆传统产业的浪潮，互联网经济成为潮流。与传统的大规模生产、大规模销售和大规模传播为特征的工业思维相比，互联网思维通过对市场、用户、产品以及产业价值链的重构，对零售业、批发业、制造业、广告业、新闻业、通信业、物流业、酒店业与旅游行业、餐饮业等传统产业产生了巨大的"颠覆"效应。在此基础上，用户思维、迭代思维、免费思维、流量思维、跨界思维、平台思维等词汇火遍大江南北。

在互联网对传统产业的重构下，互联网企业将目光瞄向金融领域，为金融的"互联网化"奠定了基础。

因素二：VC/PE业态的日趋成熟

自2013年"互联网金融元年"以来，VC/PE就已将互联网金融创业企业作为投资的重点。至2019年上半年，9家知名VC/PE机构一共投出200余家企业。

事实上，VC/PE的助力也使得互联网金融在早期得以延续互联网的"免费"思维，通过大量的补贴获得客户和市场，并通过对客户体验的极度重视重现口碑效应，完成了早期的积累。之后，由于互联网易于传播并且可以实现快速复制的特征，互联网金融在实现"从0到1"的跨越后，很快又取得了几何级数的上升突破，成为金融体系内部越来越重要的一支力量。

因素三：理财产品的崛起

2013年6月，国内市场流动性需求大增，银行间市场资金紧张，进而出现银行间同业拆借利率快速飙升。

在金融市场"钱荒"的背景下，"宝宝类"理财异军突起，凭借一度高达6%以上的收益率，互联网"宝宝类"理财攻城略地，爆发式增长。在2015年6月之前的长达两年时间内，宝宝理财的7日年化收益率都在4%以上，互联网理财也顺势成为人们活期理财的重要选择。

因素四：宽松的舆论环境

互联网金融作为新兴事物出现时，社会各界均对其给予了比较积极的评价，而这也为互联网金融的快速发展创造了宽松的舆论环境。

在以上几种外部因素的影响下，互联网金融取得了突破性进展。但互联网金融在快速发展过程中，也出现了泥沙俱下、鱼目混珠现象，迫切需要加强监管。随着监管加码、平台数量持续下降，经过一轮严格的优胜劣汰，互联网金融行业的野蛮生长期已经结束。随着行业回暖，用户与市场的信心正在重建。2019年，互联网金融平台自身的技术输出能力、资产评估能力将成为新的实力衡量指标。平台的开放、数据的共享会逐步扩大金融服务的覆盖面，打破普惠金融机构单打独斗的困局，真正"惠"及民生。

2. 物联网在互联网金融中的应用

金融的本质就是连接。金融的最初形态其实就是交易，而交易则可以说是"连接"的形态。随着时代的变迁，交易出现了成本，之后从有利可图的交易逐渐发展到垄断。所谓金融改革就是保持连接，降低成本。互联网金融实际上是把金融又恢复到了它的本质，让每个人都可以以更低的成本享受到金融服务。未来，互联网金融需要运用到的是物联网，打通线上、线下的各类数据，将寻常的财务数据与各种企业、个人行为数据相结合，从而实现革命性的金融改革。

物联网概念最早在1999年由美国提出，当时叫作传感网。其定义是通过射频识别（RFID）、红外线感应、全球定位系统、激光扫描器等信息传感设备，按约定的协议把物品与互联网连接，进行信息交换和通信，以实现智能化识别、定位、跟踪、监控和管理的一种网络概念。

物联网有两层含义，首先，它的运作核心与基础还是要依托互联网，是互联网的延伸和拓展。其次，客户端的作用是让物体与物体之间、人与物体之间、人与人之间的信息能够通过网络进行交换。

在技术层面上分析，物联网由三个部分组成：感知部分、网络部分和应用部分。感知部分是物联网的最低层，也是日常人们所接触到的部分，它主要是利用RFID、传感器、二维码等获取信息。然后由网络部分也就是互联网、通信网络传输到应用部分，由应用部分对信息进行智能化的处理。而云计算是对信息进行智能化处理的核心，运用云计算能够处理收集回来的巨大信息量。

在提出物联网概念的 20 世纪 90 年代，全球互联网还处在起步阶段，传感技术与计算机处理能力相对落后，不具备将物联网运用到实际生活中的条件。如今，随着技术的进步，互联网技术已得到很大的提升。与此同时，电子元器件工业也在不断发展。在不断完善的软硬件基础上，物联网普及的条件也愈加充分。

物联网金融把传统金融服务的主要对象由"人"延伸到了"物"，可实现社会的各类商品与经济活动的自动化、智能化，将金融服务融入物联网中可以创造出更多新型商业模式，为社会经济发展注入新活力。在互联网经济蓬勃发展的环境下，金融行业也发生了翻天覆地的变化。当物联网成为经济发展的新动力时，金融行业的运营模式、管理模式以及组织架构也进一步优化。这些优化也将体现和应用在以下几个方面。

改善金融安防

在互联网金融的交易过程中有时会涉及大量资金运作，而这为金融犯罪埋下了隐患。金融安防对互联网金融机构具有举足轻重的作用，物联网可以发挥其物物相连，智能管理的优势，大大提高互联网金融安防的效率，节约人力资源，提高安防的可靠性。

比如一种叫作面部生物识别的工具，可以通过智能手机摄像头来验证身份。把脸放到智能手机屏幕的一个圈里，让一系列彩光扫过面部细节。类似设备只能分析一幅图像，但这个工具就更进一步，它能把一段视频发送给服务器进行分析识别。所以企图用照片来骗过识别

智慧消费经济新模式

是不起作用的,因为它反映不出立体面部的三维反光。如果做出符合这个水准的半身像或许能欺骗该设备,但这半身像的品质却是少有人能做得出来,这就是技术打造的"护城河"。

丰富支付方式

随着我国经济的快速发展,人民的物质生活水平逐渐提升,对商品的需求也日益增加。与此同时,支付方式也在不断发展改变,从最传统的现金、信用卡,到互联网时代的网上银行,再到移动互联网时代的移动支付。如今,随着互联网金融的发展,以及智能手机等智能终端的普及,移动支付已经成为消费者最主要的支付方式。

在物联网技术的发展下,支付将不再局限于智能手机,任何智能终端设备都将成为支付设备,而支付方式也将因此更加丰富多样。

支付场景的多样性:物联网和人工智能不仅会改变传统的支付方式,还将创造更多新的支付场景,如汽车、家庭和医疗保健等。而新的应用场景需要与新的支付解决方案匹配,如汽车支付,这种形式满足了人们随时随地进行交易的需求。

无感交互:物联网及人工智能驱动结合的系统,将加速支付的数字化进程,交互或不再依托具体载体,而是将用户关联起来,更高效地完成用户识别和资金转移。从支付前端体验来看,用户在各场景的交互将从主动交互变为无感交互,就像 Uber 下车时的无感支付那样。

人就是载体:物联网和人工智能将通过诸如步行步态、打字节奏等"无意识"行为,以及语音交互,人脑与计算机组合等更自然的互动方式进行特征收集,最终允许人们用较少或在没有辅助对象的情况下完成识别,从而实现"人就是载体"的便利性。

兼具便利性和安全性:物联网将进一步增加便利性,同时也会带来更多的支付接入点、支付数据和个人信息，增加了在线欺诈的风险；然而，人工智能擅长发现深层规则，在做出预判后，能迅速完成高频交易、改善风险评估和反欺诈动作。

支付账基（即实名认证）和实时授信：支付方式改为无感交互、人就是载体，使得支付进一步后台化，支付实名认证发展进一步加快；与此同时，使实时授信成为可能，信用支付习惯进一步提高，实时授信使余额账户和信用账户将不再被区分。从这个角度来看，物联网将帮助金融体系以外的人获得金融服务，而传统金融机构也将有机会实现普惠金融。

提高支付效率

目前，移动支付已成为物联网在我国金融行业应用的重要领域。基于智能手机的移动支付，增加了对信息通道，有线与无线配合使用的双重验证提升了安全性，降低了黑客、不良商户、钓鱼网站等非法交易的发生频率，提升了移动支付的安全性和便捷性。在不远的未来，智慧的支付终端将通过指纹、虹膜等独一无二的生物特征来验证用户身份，提供支付服务。这些都将更进一步提升支付效率。

创新支付盈利模式

支付流程包括交易前、交易中、交易后三个环节，支付方式与支付产业的变化将影响交易前的"场景"与"账户"关联，包括关联模式和基于关联的盈利模式等。

场景与账户"多对多"关联：物联网及人工智能驱动下，交易前关联模式将变为多对多，即用户可以在任意场景用任意账户进行支付，而具体的资金转移则由人工智能以用户资产收益最大化等原则来具体执行；不过，从用户便利性角度分析，由B端机构实施具体关联的情形将保持。

支付费率下降甚至"负费率":物联网及人工智能相结合的系统较为独立,支付则作为其中的一项服务。新型系统的封闭以及场景内商户话语权的提高,将进一步拉低支付的直接利润空间,甚至不排除出现"负费率",即支付服务商需要向该系统和商户缴费才可以进入,支付或最终成为一个招徕服务,即为招徕顾客留在自有体系内而亏本提供的支付服务。从这个角度看,更促使支付服务商向增值业务方向转型,挖掘支付相关数据并获取精准营销、消费金融等服务的收益。

优化金融管理

物联网通过对各个环节与流程的可视跟踪,可以起到提高生产效率、优化资源配置、降低成本的作用,而这将改善互联网金融业务管理和服务。其中,物联网对供应链的优化就是最好的说明。

物联网辅助供应链金融创新,拓宽中小企业融资渠道,使供应链金融服务电子化、网络化和自动化。此外,供应链金融运用物联网后,能使核心企业下游客户利用存货融资的范围大大拓展,如药品、医疗器械、农产品、半成品等。同时,银行在财务供应链管理方面还可以提供若干中间业务服务,包括财务管理咨询、现金管理、资信调查和贷款承诺等服务;也可以针对供应链上的核心企业,帮助它们分析供应链上不同环节的资金需求和融资能力,找出融资瓶颈,从而提出降低整体供应链成本的最优方案并协助其实施。

3. 物联网助推消费升级

近年来，随着人均可支配收入的提高，以及人们对美好生活愈加向往，消费升级开始成为社会经济发展的热点话题。一般来讲，大众对消费升级的认知还停留在产品与服务质量的提高上。可事实上，消费是一个过程，从消费者明确需求到信息收集、信息评估，再到购买渠道的选择，直至最后支付，在消费的整个过程中，消费升级绝不仅仅是针对消费产品和服务的升级。

从消费的过程来看消费升级，大致可以分为以下三个模块：高品质产品的保障、购买渠道的便利、售后服务的优质。对于商家来讲，要把握消费升级的机会成功转型，不仅要在产品和服务上提升品质，更要提高消费者的购物体验。

为了更好地满足消费者购物体验，线上与线下融合的"新零售"模式开始成为一种新趋势。事实上，新零售的本质就是以数据为驱动，通过新科技发展和用户消费体验的升级，给消费者一个随时随地的购物体验。

科学技术的提升，特别是云计算、大数据、物联网技术的应用，为消费者随时随地的消费体验创造了条件。其中物联网技术标识的应用，让每一个产品上的物联网标识都成为一个入口，而通过物物相连

智慧消费经济新模式

的入口触达形成一张巨网，实现互联互通。事实上，随着物联网技术的发展，消费者的体验也将得到全面提升，具体表现为以下几点。

消费体验机会更多

当消费者将所有设备都接入互联网时，我们都有机会体验买家与卖家的关系如何发生变化。现在，没有人会携带随身听或是磁带出门了，苹果的iPod早已取而代之，我们接触音乐的渠道也换成了苹果的iTunes在线商店。苹果公司同时出售音乐及设备，从中赚取了大量利润。同样，工业产品的购买者与设备制造商的关系也将被智能、联网的设备改变。例如，在机械及设备部署领域，当一台机器配备有传感器时，我们将可以获悉机器所处的状态，必要时，还可以自动启动维修工作。显然，当所有东西开始联网时，原本的价值创造体系将遭受冲击。

个性化商品

物联网技术所带来的消费升级，主要是以大数据分析为基础，为用户提供更丰富多样的个性化产品服务和体验。传统零售一般都是以产品为核心，以供应商为驱动力，用户只能在现有的产品中选择自己需要的产品。随着物联网技术的应用，商家可以通过大数据分析，研究顾客消费偏好与需求，生产个性化定制产品，进一步满足消费者的需求。

渠道创新

当消费者对产品产生兴趣时，不需要寻找销售网点或登录电商平台，更不需要向销售人员咨询，只需要简单操作，轻松一点，即可一键复购，快捷方便且省时省力。每一件产品标识都是一个销售渠道，对于商家来说这也是重大利好。

社交运营

当消费者购买产品时,不仅仅是满足自身对产品的需求,同时他们还很在意产品之外的附加价值,比如,品牌独有的情感满足等,通过物联网标识应用,消费者识别产品上的标识可以进一步加深与品牌之间的互动,从而产生情感共鸣。

精准推荐

商家可通过定位系统准确掌握消费者的地理位置,然后依据消费者画像了解消费者的潜在需求,掌握他们的消费习惯,再将最准确的商品信息及时地推送给消费者,主动满足消费者的需求,提升消费体验,这样就能形成精准化的场景营销。当消费者在超市购物时,商家便能通过你在购物车上所装的商品以及往常的消费记录,给消费者提供及时的相关内容,发出更具针对性的推荐。比如,当你把某件产品放进购物车,商家就会及时给你的手机发送你所需要的各类相关促销信息和优惠券。

产品质量保障

产品的质量是消费升级的需求核心。假冒伪劣产品的出现,缺乏反馈和回路机制的防伪形式根本难以杜绝,消费者对购买前的分辨和购买后的投诉,都是传统防伪的弊端之一。为此,建设防伪回路和反馈投诉渠道,已经成为提高消费者体验的基础诉求。基于物联网标识在扫码大数据行为的应用所研发出来的标识防伪功能,通过数据回路监测消费者购买前的真假辨析行为,提供提示,并对假货产品进行追踪,提供消费者假货反馈渠道,双重净化市场。

售后服务

售后服务是消费的最后一个环节,其基本决定着消费者对产品与品牌的印象。基于物联网标识，售后服务的处理、反馈效率将被提高。通过物联网标识的溯源应用，对产品售后问题进行追溯，形成问题追溯数据统计，为改善产品和服务数据提供了帮助。

近年来，电子商务的效率与低成本对传统线下渠道造成了巨大的冲击，而随着电子商务渠道流量成本的增加，线上渠道铺设成本也开始水涨船高。未来，覆盖电子商务流量成本的将会是物联网标识的大范围应用。由此可见，物联网技术的普及与应用，不仅意味着消费方式的改变，更预示着消费升级时代的到来。

4. 消费物联网带来的新体验

消费物联网指的是商业领域商家、消费者、商业组织成员围绕交易行为进行的人人相通、物物相通，节点数据交互的高度智能型网络通信系统，其中支付作为核心价值体现方式，它的作用贯穿整个线上、线下商业模式的闭环。

消费物联网及其特点

消费物联网是消费应用类中的物联网，是我们平常最常接触到的程序、用例和设备集合的统称。比如智能家居就是消费物联网用例最主要的消费级产品。

消费物联网可以说是继"互联网+"之后又一个颠覆商业模式的技术延伸，它从交易环节这样一个商业刚需入手，致力于为商家打造一个更安全、更可靠、更便捷的社交网络化商业业态。目前，随着物联网感知技术的创新与发展，我国已经正式开启向智能化消费大国转型的道路。

消费物联网并不是简单的"互联网＋电商"模式，它是通过技术创新与模式创新来改变商业业态，从而使未来金融、电商、商务物流、零售业等都发生根本性、系统性的变革。总体而言，消费物联网具有以下几个特点。

第一，将商品信息化变得可溯化、公开化、可预见性。

第二，将交易地点与交易时间变得灵活，使电商购物平台和线下体验、物流供应链结合。

第三，精准识别出身份和信用评级，满足客户即时的真实的消费需求，挖掘潜在客户群体。

第四，存储分析商贸流通信息，引导制造业成本和效率控制，提高商业经营管理水平。

第五，对商业金融、保险、理财、融资等支柱服务提供更多可靠信誉保证。

在消费领域，通过对物联网的识别技术可多方位识别客户身份，如视网膜、人脸、指纹等，从而更好地总结消费者的消费习惯，以某种媒介引导消费，对接金融系统，通过消费者的消费信用体系，提供微贷等金融服务，以形成以消费者为核心的消费物联系统。

此外，物联网识别技术还可以实现商品追踪，追踪信息可以通过二维码等形式在最终售货地点显示。这种溯源技术手段不仅可以从根本上解决目前的食品安全问题，同时也能有效杜绝假货仿品的泛滥。更为重要的是，商品的展示信息还可以通过云平台精确地投放到潜在消费者的手机等信息接收端，而这既是精准营销的手段，也是现实消费信息对等的重要方式。

事实上，随着消费物联网模式的出现，零售业正面临着消费与商业模式的改变，消费者对于购物体验的需求也已经悄然改变，零售业必须积极调整营运的思路与脚步，才能适应物联网消费带来的机会与挑战。

消费物联网带来的新体验

首先，从时间与空间要素来讲，商家无一例外都希望能够抓住顾客更多的时间和空间，而消费者也期望能随时随地享受便利的购物体验。但是，对实体门店来说，要在任何时刻、任何地点都能为消费者提供服务几乎是不可能完成的任务。但是，随着物联网技术的应用，消费者不论在何时何地，无论是上班的途中、旅行的行程中、休息时的床上，甚至在马桶上都可以上网购物。淘宝网发布的网购族群报告显示，在12大消费族群中，群体数量最大的就是2200万的"夜淘族"，也就是说在你睡觉的时候还有人在下单购物。

为了更好地适应物联网消费，商家可以提供给消费者随时随地的服务信息，不管是户外、餐厅、咖啡厅，还是交通行进当中，人们都可以享受到行动式影音服务。而物流业必须面对的是时间战、空间战及社交战，在考虑如何快速且顺利地将货物送达顾客手中以外，还要关注到在递送的过程中也是一种营销的服务。

其次，从体验营销形式来讲，其可分为感官（Sense）、情感（Feel）、思考（Think）、行动（Act）及关联（Relate），在物联网消费模式下，还必须加入分享，而且是在每个阶段都要做分享的动作。

事实上，分享本身就是物联网技术的组成部分，在消费者接触商品的最初，就可以利用传感器让接收器接收到信息，而后将信息传递到数字广告端，将商品的特色以及相关信息体现出来，以刺激消费者的购买意愿。

消费物联网所带来的零售消费体验环境是极为重要的，在购物前要主动吸引消费者到店，收集顾客真正想要的商品；购物中要以个人化的消费经验，由供应端提供实时双向的互动决策，并做到无纸化及安全的支付行动；购物之后提供商品的第一手数据，以触发消费者再购的欲望，并利用社群的力量分享消费经验。

2015年9月,国务院办公厅印发了《关于推进线上线下互动加快商贸流通创新发展转型升级的意见》,这一意见的出台不仅肯定了线上线下互动这种新零售模式,同时也促进消费的新途径和商贸流通创新的新趋势,明确鼓励线上线下互动创新、激发实体商业发展活力、健全现代市场体系等三个方面任务。

针对经济面临实体商贸流通业发展乏力等现状,建立起"生产→仓储→销售→显示→识别→控制→中止→溯源→决策→定位"全过程、全方位、全产业链的消费物联网体系,将成为促进商贸流通业可持续发展的一剂良药。

5G对消费物联网的影响

5G是时代的跨越。PC时代,是人和人的随时连接;移动设备时代,是人和人的随时随地连接;WIFI时代,是人和人、物和物的连接;5G时代,特实现人与物、物与物的随时随地连接。

5G将重新定义消费物联网。5G的到来,可以说给物联网插上了翅膀,特别是无人驾驶、远程医疗、工业自动化这些对于网络要求较高的应用形态来说,5G有望让其成为现实。5G相比4G,具有更高的速率、更宽的带宽、更高的可靠性、更低的时延等特征,能够满足未来虚拟现实、超高清视频、智能制造、自动驾驶等用户和行业的应用需求。5G能够灵活地支持各种不同的设备,此外,2019年4月16日,工信部发布《关于开展2019年IPv6网络就绪专项行动的通知》。同年5月,工信部表示计划于2019年年末,完成13个互联网骨干直联点IPv6(互联网协议第6版)的改造。IPv6的使用,不仅能解决网络地址资源数量的问题,而且也解决了多种接入设备连入互联网的障碍。

这些都让比尔·盖茨在20世纪90年代所设想的"未来之屋"有可能

"飞入寻常百姓家"。

2019年6月6日,工信部正式发放5G商用牌照,首批获得牌照的单位为中国移动、中国电信、中国联通和中国广电。对5G的具体业务表述为:"第五代数字蜂窝移动通信业务是指利用第五代数字蜂窝移动通信网提供的语音、数据、多媒体通信等业务。"5G牌照的正式发放,意味着中国正式进入5G商用元年,接下来,5G终端、5G套餐资费等服务以及5G在各行各业的应用,也将随之而来。

5. 区块链赋能物联网

物联网技术自出现以来，就被认为是"未来改变人们生活的十大技术之一"，在商业领域其也被看作"新的经济增长点"。但是，受制于设备安全、个人隐私、架构僵化、成本高等一系列问题，物联网至今未能大规模普及。如今，随着区块链技术的成熟与应用，具有分布式结构、多重加密、智能合约和多方共识等特征的区块链技术将对物联网的发展产生极为重要的影响。

物联网的四大"顽疾"

从技术的角度来讲，区块链的发展将更好地赋能物联网，使物联网能够以更快的速度蓬勃发展。相关统计数字显示，物联网市场在2018年第一季度、第二季度出现了意想不到的加速增长，使用的物联网设备总数达到了70亿台，其数量甚至超过了全球人口总和。预计，物联网设备在2022年将达到180亿台。当然，物联网的发展不能仅靠设备数量来衡量，更为重要的是这些设备将对主流消费人群产生什么样的影响。如果物联网技术因为自身存在的问题而无法为消费者解决实际问题，那么，物联网只是一个尴尬的存在。

目前，物联网之所以陷入无法普及应用的尴尬境地，主要是物联网本身的四大"顽疾"。

一是中心控制成本高。物联网的普遍架构中存在这样一种僵化现象：数据汇总到单一的中心控制系统，导致中心服务器在能耗和企业成本支出方面存在巨大压力。而且，随着当下终端的低成本的普及，当物联网设备呈几何级数增加时，这个压力可能将变得难以承受。

二是多主体协同成本高。物联网的参与者通常不完全为发起方所掌控（例如普通私人用户、企业用户），如何让合作方更好地参与，面临极为复杂的协同成本，在隐私泄露、设备被攻击的阴影下，这种协同成本变得更高。

三是个体入网后安全性低。当设备不参与物联网时，还可以保证安全运行，但是，在设备入网后难免成为系统性网络攻击的炮灰。美国 Mirai 创造的僵尸物联网（Botnets of Things）就曾经感染超过 200 万台摄像机等物联网设备，使这些私人设备惨遭"奴役"。

四是隐私保护难度大。中心化的管理架构存在无法自证清白的问题。简单来讲就是，不管你是否窃取了参与方的隐私，都容易被怀疑，没有更为理性的方式能够证明你的清白，完全靠相互的自觉与信任。此外，个人隐私数据被泄露的相关事件时有发生，摄像头被网络直播的事屡见不鲜。

区块链为物联网赋能

物联网的出现确实给各行各业带来商业模式的变革。但与此同时，物联网存在的"顽疾"也大大降低了其应用的商业价值。所幸的是，具有去中心、可信任、高隐私等特性的区块链技术，恰到好处地为物联网发展过程中所存在的问题提供了解决方案。

方案一：点对点直接互联的方式进行数据传输。整个物联网解决方案不需要引入大型数据中心进行数据同步和管理控制，包括数据采集、指令发送和软件更新等操作都可以通过区块链的网络进行传输。

方案二：分布式环境下数据的加密保护和验证机制。区块链技术为物联网提供了去中心化的可能性，只要数据不是被单一的云服务提供商控制，并且所有传输的数据都经过严格的加密处理，那么用户的数据和隐私将会更加安全。在大数据分析技术被广泛使用的今天，用户可以自己利用数据的价值而不是被运营商进行劫持。

方案三：方便可靠的费用结算和支付。通过使用区块链技术，不同所有者的物联网设备可以直接通过加密协议传输数据，并且可以把数据传输按照交易进行计费结算。这就需要在物联网区块链中设计一种加密数字货币作为交易结算的基础单位，所有的物联网设备提供商只要在出厂之前给设备加入区块链的支持，就可以在全网范围内在各个不同的运营商之间进行直接的货币结算。

事实上，如今已经有科技公司试图将区块链技术与物联网技术结合，从而解决物联网的规模化问题。而这两者的结合，将不需要传统的昂贵资源就可以让数以亿计的设备共享一个网络，同时也提供了一个标准，让每个人享受平等的权益。

虽然目前物联网的发展还处于起步阶段，但可以确定的是，区块链可以帮助物联网变得更加安全和可持续。零售行业未来的变革，将会建立在与物联网全面结合的基础上。而物联网未来的变革，将会建立在与区块链结合的基础上。

未来区块链应用企业和研究机构必须加大合作力度，发挥各自的资源优势，共同推进区块链技术在零售供应链商业化的应用，在供应链溯源防伪、自动化合约、订单履约追踪等方面开展有益的探索和尝试，打造更加安全、稳定、高效的零售智慧供应链。

第四章

智慧消费经济学理论

1. 马克思关于生产与消费辩证关系的思想对我国经济发展的指导意义

我国经济发展进入新常态，如何助力经济高质量发展，合理处理供给侧改革与需求侧改革的关系，成为当下需要研究解决的重要问题。再加上当前我国经济的发展也还面临着外部需求不确定等问题。在此背景下，重温马克思关于生产与消费辩证关系思想，可以有效地掌握经济分析的科学方法，更好地解决现实中这一突出的理论和实践问题。

马克思经济学研究的根本方法是唯物辩证法。在《经济学手稿（1857—1858年）》导言中，马克思基于唯物辩证法，集中而系统地论述了生产与消费相互作用的辩证关系。

首先，生产与消费具有直接同一性。"生产直接是消费。"生产既是劳动者劳动力的支出与消耗，又是生产资料和原料的转化性耗费的过程。因此，就生产活动过程中的基本要素而言，生产本身既是创造价值的过程，又是消费劳动力和消耗生产资料的使用价值的过程。"消费直接是生产。"消费过程本身就是劳动力自身的再生产过程。在吃喝等任何消费方式中，人都生产自己的身体，生产自己的劳动力。

生产与消费的直接同一性原理告诉我们：一方面，企业要提高生产效率，就必须合理配置劳动力、生产资料和原材料等基本经济资源，提高生产性消费（就是遵循经济人理性的消费，与非生产性的消费即体验消费相对）的效率。传统的高能耗、高人力投入和低产出效率的生产方式，在特定的历史阶段可以实现经济增长，但最终无法实现可持续发展。我国的经济发展不能继续依赖这种传统方式。另一方面，物质财富再生产和劳动力再生产之间是直接统一的。只有不断加大对劳动力的能力培训，提高劳动力素质，促进劳动力提高再生产水平，才能不断创造"新的人口红利"，更好地实现物质财富的再生产。

其次，生产创造和决定消费。"生产生产着消费。"生产创造消费品，人们所消费的一切商品和服务，都是通过生产来提供的。生产决定消费方式，新的生产方式及其产品属性给予消费以新的规定性。例如生产了电脑，我们买了电脑并通过电脑网上购物、刷卡消费，由此丰富了我们的消费方式。生产为消费提供物质对象，决定消费活动的方式，并且在消费者身上引起新的需求。从社会再生产过程来看，生产是真正的主动因素，是"实际的起点"，是"实现的起点"，因而是"居于支配地位的要素"，是"实现的起支配作用的要素"。而消费作为需求，作为生产的目标，是社会再生产系统的"一个内在因素"。

生产对于消费品、消费方式和消费者具有创造性作用的理论要求我们：在经济新常态下，要通过创新来实现和满足市场新的需求，这是经济发展的决定性力量。生产的主导地位理论要求我们，必须注重加强供给侧结构性改革，以最大的决心、最大的努力推进经济结构改革，提高供给体系的质量和效率，实现经济结构的战略升级，推动我国经济实现整体跨越式发展。

再次，消费对生产具有巨大反作用。"消费生产着生产。"一方面，生产的产品只有在消费中才能实现它的使用价值，才能与自然物品区别开来，证明它是产品。另一方面，消费还为生产创造出新的需要，创造出生产的"观念上的内在动机"，从而创造出"生产的动力"。生产为消费创造作为物质财富的现实的对象，消费为生产创造作为主观目的的观念的对象，即在生产中"作为决定目的的东西"。"没有需要，就没有生产，而消费则把需要再生产出来。"

消费对生产的巨大反作用原理要求我们：在加强供给侧结构性改革的同时，还要考虑到满足实现需求。也就是说，应该从需求侧对于供给侧的反作用的角度，找出供给侧结构性改革的目标、方向和动力。关注消费者的需求结构的新变化，以扩大有效需求来促使供给侧改革结构，根据消费者的需求变化来确定有效的投资和供给范围，从供给侧和需求侧两个方面同时发力，最终实现生产结构和消费结构的升级。事实上，国务院发布的《关于积极发挥新消费引领作用加快培育形成新供给新动力的指导意见》中全面部署"以消费升级引领产业升级，以制度创新、技术创新、产品创新增加新供给，满足创造新消费，形成新动力。同时，推动金融产品和服务创新，支持发展消费信贷，鼓励符合条件的市场主体成立消费金融公司，将消费金融公司试点范围推广至全国"的发展路径，就是充分利用"消费对生产有巨大反作用"的原理的具体体现。

最后，生产与消费的良性互动是以合理处理分配与交换关系为中介的。生产与消费的相互作用，既包括生产对消费的决定作用，也包括消费对生产的决定性反作用。但这种决定作用和决定性反作用，都要借助交换关系和分配关系的中介作用来实现。当市场即交换范围扩大时，生产规模就会扩大，生产对象就会分得更细。而分配则既包括"作为产品的分配"也包括作为"生产要素的分配"。"在分配是产品的分配之前，它是生产工具的分配，是社会成员在各类生产之间的分配。"生产与消费之间的分配，既决定了生产者在生产过程中的地位，也决定了生产者占有产品的份额，并因此决定了生产与消费之间能否实现良性互动。

分配对于生产与消费的中介作用的原理要求我们：不仅要重视强化公有制经济的主体地位，更要重视财富分配的公平正义性和包容性。不仅要重视分配关系，而且要重视生产资料的所有制关系；不仅要重视二次分配，而且要重视对一次分配加强调节。交换对于生产与消费的中介作用的原理要求我们：要想有效调整产业结构，就必须破除体制及机制的障碍，注重对内对外经济开放，充分发挥国内和国外两个市场的作用，以期让市场真正成为配置创新资源的决定性力量。只有借助合理的分配制度和有效的市场机制，才能实现生产与消费的良性互动，实现供给升级与消费升级的相互促进，最终实现产业结构的升级和生产力水平的提高。

2. 西方消费理论及其启示

消费经济理论也就是消费理论,是西方经济学的一个分支学科,是 20 世纪 30 年代以后发展起来的。在消费经济学说中,生产与消费是一个密不可分的整体。作为经济学研究中的一个整体,"生产与消费"一直都被经济学家们研究与讨论。消费理论是当代西方消费经济学的重要组成部分,其中有很多观念是值得借鉴的。我国要扩大消费需求,必须采取合理的消费政策,为此,应借鉴西方经济学者的消费理论。

绝对收入理论及其对我国消费的借鉴意义

约翰·梅纳德·凯恩斯的绝对收入理论认为,短期中,收入与消费是相关的,即消费取决于居民现期的、绝对的收入,消费与收入之间的关系是稳定的,也就是边际收入越增加,消费在收入中的比重就越小,储蓄越大。该理论的核心是消费取决于绝对收入水平和边际消费倾向的递减。

依据绝对收入理论,我们可以通过理顺收入分配机制,以努力提高城乡居民尤其是中低收入居民的收入水平来促进消费。这是因为,收入和边际消费倾向是稳定的函数关系,低收入人群的边际消费倾向要高于中等收入人群的边际消费倾向,因而对国民经济中消费扩大的贡献大于高收入人群。相比之下，农民的边际消费倾向相对较高，因此我们应该尽一切可能增加农民收入，提高农民的现金购买能力。

相对收入理论及其对我国消费的借鉴意义

詹姆斯·杜森贝里的相对收入理论认为，人们的消费并不依赖于当前的绝对收入，而是取决于相对收入水平，也就是相对于其他人的收入水平和相对于本人历史上的最高收入水平。相对收入是相对于自己过去的高峰收入，因此相对收入取决于消费习惯。而这种消费习惯受到许多因素的影响，如生理和社会需要、个人的经历、个人经历的后果等。特别是个人处于最高收入水平的时候，这对个人消费习惯的形成有着重要的影响。

相对收入理论对我们是一个有益的启示。对我国的许多消费者而言，"相对收入取决于消费习惯"可谓一语中的。如果盲目追求个人消费，势必陷入各种人生危机，正所谓"成由节俭败由奢"。

生命周期假说理论及其对我国消费的借鉴意义

弗兰科·莫迪利安尼的生命周期假说理论认为，人们是根据其预期寿命来安排收入用于消费和储蓄的比例的。也就是说，每个人都根据他一生的全部预期收入来安排他的消费支出，居民消费主要受制于该家庭在其整个生命期间内所获得的总收入。

依据生命周期假说理论，我们可以采取一些有力措施：推行鼓励性的消费政策，拓展新的消费领域，增加消费品的品种，刺激消费；加大有利于促进消费的基础设施投资，改善城乡居民消费环境；积极发展消费信贷，加快个人信用体系建设。

持久收入理论及其对我国消费的借鉴意义

米尔顿·弗里德曼的持久收入理论认为，个人的收入可分为持久收入和暂时性收入。持久收入是稳定的、正常的收入，暂时性收入是不稳定的、意外的收入。消费者的消费是持久性收入的函数。以上的消费理论认为，消费是影响国民经济均衡的重要因素，收入是影响消费的一个重要因素，但收入具有多种形式，不同的收入形式对消费的影响有所侧重。

消费者应该仔细理解持久收入理论：消费支出主要不是由现期收入决定，而是由他的永久收入决定。那么这时问题就出现了，当消费者的收入上升时，消费者自己对未来收入的增加是否能够持续下去是无法确信的，因而不会马上充分调整消费。相应地，当收入下降时，消费者也不能断定收入会一直下降，因此消费也不会马上就相应下降。

3. 消费资本化理论

近代社会，随着经济的持续发展，越来越多的经济学者与商业人士开始认识到消费者才是市场竞争最终的决定性力量。因为消费者既是市场的主人，同时也是为企业注入新的资本动力的源泉。所以说谁能赢得最多的消费者，谁就能拥有最大的市场和巨大的资本注入机会，消费资本化理论由此而来，消费资本化理论的建立也以此为基础。

消费资本化理论的起源与发展

亚当·斯密的《国富论》是最早提出消费者主权的著作，之后，奥地利学派和剑桥学派都把"消费者主权"看成市场关系中的最重要原则。"消费者主权"是诠释市场上消费者和生产者关系的一个概念，即消费者根据自己的意愿和偏好到市场上购买商品，通过这一行为把消费者的意愿和偏好通过市场传递给生产者。于是，生产者就可以根据消费者的意愿和偏好，提供消费者所需要的商品。简单来讲就是，生产者生产什么，生产数量的多少，最终取决于消费者的意愿和偏好。

诺贝尔经济学奖获得者哈耶克发展了"消费者主权论"，他认为生产者主权论是错误的，即使是完全的市场垄断，生产者也必须遵循消费者的意见，否则大公司将失去最终的发展推动力，生产就会处于受限制的状态中，最终失去自己的垄断地位。

事实上，消费资本化理论与消费者主权理论可谓一脉相承，但其有突破古典和新古典经济学的园囿以及哈耶克理论的局限，是通货膨胀和消费紧缩时代理论上的创新和发展。消费者主权理论仅阐述了消费者的重要性，解决了"是什么"的问题，没有解决"怎么办"的问题。此外，在理论模型上，消费者主权理论认为消费者和生产者是对立的，没有将消费和资本有机结合。而消费资本化理论主要针对的问题是在新经济条件下，如何实现生产者与消费者的共同协作，通过构建各种类型的市场制度，让生产者和消费者从对立走向统一，在使消费者的主权得到最大化满足的同时，通过消费的资本化，实现企业利润的最大化。

消费资本化理论的核心内容

消费资本化理论的核心内容是将消费向生产领域和经营领域延伸，具体来说，就是当消费者购买企业的产品时，生产厂家和商业企业应该把消费者对本企业产品的采购视同是对本企业的投资，并按照一定的时间间隔，把企业利润的一定比例返给消费者。此时，消费者的购买行为已不再是单纯的消费，而是变成了一种储蓄行为和参与企业生产的投资行为。所以实际上是把消费者从产品链的末端以投资者的身份提升到前端，使消费者在购买产品时可以分享企业成长的成果，让消费者和投资有机结合起来。买卖双方在这种条件下合二为一，成为一个整体。于是，消费者同时又是投资者，消费转化为资本。

实现消费资本化的必要准备

在市场经济发展过程中，消费资本化的诞生是一种必然，消费资本化理论的创立与发展是市场经济理论的完善。当消费资本化理论得到正确运用时，将对世界经济发展起到巨大的推动作用。在我国市场经济环境下,要实现消费资本化需要解决以下问题。

消费资本化理论的普及

当前,我国商业领域相关人士对这一理论的了解甚少,更为重要的是,在经济学界掌握消费资本化理论的学者也不多。为此,当务之急是将消费资本化理论进行普及。应该将这一理论写进教科书,召开专题研讨会,开设相关培训课程。当消费资本化理论得到很好的普及之后,就会使居民存款更加活跃,变成消费资本的巨大存量。

制定消费资本化实施方案和具体措施

首先,制定科学合理的消费资本化实施方案,必须遵循利益最大化原则。在制定实施方案时必须考虑到企业和消费者的实际利益,并且要保证二者都实现利益的最大化。

其次,实现消费资本化需要企业具备各种现代化管理设施。其中最重要的是电子数据信息交换系统,采取现代化管理手段。

再次,实现消费资本化一定要建立消费者资料库,包括消费者身份信息、消费信息、消费者个人账户咨询状态等。

最后,一定要明确消费者资本化的实施方案要点:一方面是企业投入成本与产出利润比较,另一方面则是消费者消费投资额与投资回报额的比较。在消费者投资过程中,企业要把消费者的消费额在扣除产品的生产成本和销售成本额后,将这些金额按照一定比例作为消费者在本企业的投资。

提高居民收入水平,提升社会需求总量

我国经济发展需要解决"投资与消费关系不合理"的问题。投资与消费的比例失调,会导致消费低迷,进而影响经济的发展。从我国社会总供给和总需求来看,还存在总需求小于总供给,也就是有支付能力者的购买力严重不足。增加有效需求的最佳办法，就是提高有支付能力者的购买力，而提高有支付能力者的购买力的有效方式，就是增加城乡居民的收入。

从消费价值到消费资本化的转变

从新的角度来看，消费是指消费者通过一般渠道获得商品、服务和体验，从而满足不断增长的需求的过程。消费价值是指消费创造的价值，也就是消费对于实现生产目的所做出的贡献。一种商品是否具有消费价值，取决于其是否具有满足消费者欲望的能力。消费者欲望的满足，较多地表达为对物质的追求和商品消费，也就是生存目的的活动。从这个意义上讲，其属于劳动者自我复制的简单再生产。而另一个层面则是社会需求，也就是对需求增长自身的满足。消费价值可以像利润一样获得增值，是消费资本化的特性。消费价值的社会性，是价值体现的基础。生产目的的社会性质的表现不仅是满足人们的需求，同时这种需求也是"不断增长的"，而这不仅仅是数量上的增长，同时也是扩大再生产的性质，这是消费资本化的体现。

消费资本化理论的诞生与发展绝非偶然，它是社会经济发展必然产生的理论成果。事实上，消费资本化理论不仅为我们带来了一个崭新的经济理论世界，同时它还可能为通货紧缩这个世界难题找到一条全新的解决之路。试想，当消费资本与货币资本、知识资本联动，必将极大地促进经济的快速发展。我们有理由相信，消费资本化理论将对我国未来经济发展产生极大的推动作用。

4. 智慧消费生态理论

消费生态是由消费者、品牌、渠道以及其他提供者参与，如生产、推广、设计等相关企业组织或个人，所形成的各自独立同时又多元互动、跨界融合的价值成长体系。当前，在移动互联时代，以互联网思维主导的消费生态，本质上是由消费端、品牌端、渠道端和其他参与端口共同组成的系统生态，其由各自独立、开放，并互生、融合的消费环节所构成的价值链和生态圈系统所组成。

消费生态系统的发展

消费始于人与人之间以双方认可的价值进行物品互换、服务互换以及物品与服务的互换，从而满足各自不同的需求。在消费生态中，一直延续着这种生产提供者与消费者进行需求供给的循环。

19世纪末，工业化生产的进一步发展带来了商品的极大丰富与消费者需求的提升，传统的"价值交换"开始演化出各种不同形式，如百货商店等实体商业机构的出现。与此同时，物流、中介等消费渠道也应运而生。消费形成了一系列从生产、代理、推广到售后等供应链系统和具备商业功能内容的品牌端。而此时的人们，则从追求简单需求者进化为真正的消费者。这一时期的消费生态已经形成初步的消费端、品牌端及渠道端。

消费端指的是，以消费者的需求为主体，消费者个人和群体消费行为经过身体和精神的塑造，不断演化，从而促使消费市场需求主体呈现多样化和多元性，进而带动品牌、渠道的创新与创造。值得一提的是，消费者也可以成为最终消费产品的提供者。

品牌端包括商品提供与服务提供，以及为此形成的供应链系统。品牌端的主体是以盈利为目的的企业组织或者个人，同时供应链系统将更多的协同作业者作为系统参与者囊括其中。品牌端的作用是成为衔接生产与消费的桥梁。

渠道端是消费端与品牌端之间相互交换的平台。通过提供交换的实体空间、虚拟空间以及中介代理服务等，获取佣金报酬。同时，渠道端还包括场所运营端、中间服务提供者等。

消费生态的运作动力来自消费者需求以及各个终端交互的需求创造，它是以双向需求的系统，通过物流、信息流、资金流等作为媒介运转。首先由消费端的消费者提出需求，而后由品牌端提供产品或服务。这是一家企业生产并形成商品或服务后，通过广告推广手段刺激消费者购买行为，然后再共同刺激消费者生产需求的过程。

消费生态系统的未来

移动网络、物联网以及区块链、大数据、云计算、人工智能等新技术的不断发展，让消费领域应用也随之发生改变。同时，消费环境的变革，也加速了消费生态的内部巨变、裂变和连接形成。消费新生态系统开始了自身创造和自我进化的新时代。

现阶段最主要的消费升级所带来的需求变化，代表着消费群体的不断改变，越来越聚焦多元化的社交群体，以及精神需求的提升、社区内涵的变化，这与原有消费者之间存在巨大差别，随之而来的就是消费生态的重构。

实体商业空间、线上电商平台以及不断进行人性化提升的柔性物流系统，正在形成渠道端消费服务的平台，同时又是设计场景运营、"互联网+"等的服务介质。另外，还有服务商，包括设计、推广、招商以及提供电商服务的平台，比如App、电子支付等，越来越细分的同时也有越来越多的跨界渠道参与者介入。移动互联时代正在开启一个全新的消费生态系统，原生态的商业消费是单维的，之后形成了链条式的平台，在互联网时代造就了平台竞争、巨头竞争的局面。而在移动互联时代，则是多维度的、平行的。

商业消费品牌迎来前所未有的竞争，成熟品牌在融合跨界中不断进化，新兴品牌也层出不穷，加之网络品牌、长尾效应，品牌背后存在大量企业实体以及供应链系统，消费者需求满足和创造全部来自品牌端的转型升级。与此同时，品牌端的参与者同样需要服务，包括传统的选址、拓展、宣传等，而现如今的品牌，也需要创新，并在政策与技术的支持下，插上发展的翅膀，实现品牌、功能以及供应链体系的成熟与进步。

消费端、品牌端、渠道端的不断突破，同时形成更新的群体与社区，而彼此之间的价值交互、生态交互所带来的开放与共荣，又都是原有消费生态不可比拟的。这就是新时代消费生态，从传统消费生态而来，又与传统消费生态截然不同，它已形成一个开放的价值链条，生生不息，并随时产生新的需求。

5. 分享经济与消费商思维

目前全球分享经济呈快速发展态势，是拉动经济增长的新路子，通过分享、协作方式搞创业、创新，门槛更低、成本更小、速度更快，这利于拓展我国分享经济的新领域，让更多的人参与进来，也是收入分配模式的创新。

2016年至2018年我国分享经济市场规模

提到分享经济或共享经济，很多人可能会感到比较陌生。事实上，分享经济早已进入我们的日常生活。

中国互联网协会共享经济工作委员会发布的《中国分享经济发展报告（2016）》显示，中国分享经济市场规模2015年就已达到19560亿元，中国参与分享经济活动的总人数目前超过5亿人。此外，该报告还预测，未来5年分享经济年均增长速度在40%左右，到2020年市场规模占GDP比重将达到10%以上。未来10年，中国分享经济领域有望出现5~10家巨无霸平台企业，甚至会改变现在的中国互联网格局。

国家信息中心分享经济研究中心发布的《中国分享经济发展报告（2017）》显示，2016年我国分享经济市场交易额约为34520亿元，共有6亿人参与。其中，生活服务、生产能力、交通出行、知识技能、房屋住宿、医疗分享等重点领域的分享经济交易规模共计达到13660亿元，比上年增长96%。值得关注的是，2016年分享经济企业的融资规模达1710亿元。知识付费、网络直播、单车分享呈现爆发式增长，迎来"发展元年"。与此同时，拥有分享基因的各类众创平台大量涌现，经过政府部门认定的"众创空间"超过4000个。报告预测，未来几年，我国分享经济将保持年均40%左右的高速增长，到2020年分享经济交易规模占GDP比重将达到10%以上。

国家信息中心分享经济研究中心、中国互联网协会共享经济工作委员会联合发布的《中国共享经济发展年度报告（2018）》显示，2017年我国共享经济市场交易额约为49205亿元，其中非金融共享领域交易额为20941亿元。共享经济领域融资规模约为2160亿元，比上年增长25.7%。报告指出，共享经济在保持高速增长的同时，结构也不断完善。从市场结构看，2017年我国非金融共享领域市场交易额占总规模的比重从上年的37.6%上升到42.6%，提高了5个百分点；金融共享领域市场交易额占总规模的比重从上年的62.4%下降到57.4%，下降了5个百分点。在拉动就业方面，共享经济发挥了重要作用。报告显示，2017年我国提供共享经济服务的服务者人数约为7000万人，比上年增加100万人；共享经济平台企业员工数约为716万人，比上年增加131万人，占当年城镇新增就业人数的9.7%，意味着城镇每100个新增就业人员中，就有约10人是共享经济企业新雇用员工。报告预测，未来5年，我国共享经济有望保持年均30%以上的高速增长。农业、教育、医疗、养老等领域可能成为共享经济的新"风口"。同时，"量身定做"

监管制度成为大势所趋，而共享经济与信用体系的双向促进作用也将更加凸显。此外，报告提出，中国共享经济领域的创新创业取得了巨大成就，成为全球共享经济的创新者和引领者。截至2017年年底，在全球224家独角兽企业中有中国企业60家，其中具有典型共享经济属性的中国企业31家，占中国独角兽企业总数的51.7%。

中国国家信息中心分享经济研究中心发布的《中国共享经济发展年度报告（2019）》显示，2018年共享经济市场交易额为29420亿元，共享经济领域直接融资额首次出现负增长，约1490亿元，比上年下降23.2%。报告指出，在国际国内宏观经济下行压力加大的形势下，中国共享经济市场规模和就业依然保持较快增长。2018年共享经济市场交易额为29420亿元，比上年增长41.6%；平台员工数为598万人，比上年增长7.5%；共享经济参与者人数约7.6亿人，其中提供服务者人数约7500万人，同比增长7.1%。报告认为，2018年是共享经济监管历程中具有标志性意义的一年。行政、法律、技术等监管手段多管齐下，监管之严、范围之广前所未有，规范发展成为各方共识。同时，监管创新也面临新挑战：长效化监管机制建设任重道远，共享经济企业属地化管理与平台跨地域经营的矛盾更加突出，过于严格的准入许可导致大量的共享服务提供者不合法、不合规，不利于激发市场活力。未来3年，中国共享经济仍将保持年均30%以上的增长速度，在稳就业和促消费方面的潜力将得到进一步释放。共享经济也将成为人工智能等新技术创新应用的重要场景，在身份核验、辅助决策、风险防控等方面发挥越来越重要的作用。共享经济领域将延续强监管态势，标准化体系建设将不断加快。

毫无疑问，分享经济在我国正呈现快速发展的趋势，而与此同时，以"互联网+"为代表的生产技术革新也悄然而至。为此，互联网、大数据与各行业之间有了更深刻的结合，而这些变化也必然引发一场"消费关系"的重大改变，消费者购买方式、支付方式等都将进入一个崭新的时代。

随着5G、人工智能等新技术的不断发展，共享经济的领域还在不断扩大，比如办公和存储空间租赁、宠物看护服务、服装出租等。通过共享公共数据，政府管理方式也在发生变革。

在以往的传统消费过程中，消费者仅在消费环节扮演消费的角色，消费目的也仅为满足日常生活需求，消费者并不直接参与商品利益的分配。而如今，在智慧消费经济模式下，消费者在消费环节中所扮演的角色也开始向消费商角色转变。在新的消费经济时代，作为消费者在以往的生产消费环节所扮演的角色也将发生改变，从花钱的消费者变为可以赚钱的消费商。

消费商的概念及特征

从概念上讲，消费商就是经营消费和消费群的商业人士。消费商的概念虽然在我国被提出不久，但消费商的行为事实上早就存在了。比如，当你买了一件物美价廉的衬衫，你跟身边的朋友说了之后，朋友表示十分感兴趣但又不知道在哪里买，而你就带他去购买，你通过引导带动了他人的消费，这就是消费商的行为，只是推荐者没有在这个过程中得到收益而已。在国外有一个和消费商相似的概念，翻译成中文叫"生产消费者"，既是生产者又是消费者。

消费商作为一个全新的商业主体，其本身具有与众不同的独特之处。

消费商给予别人的不仅是产品，而且还是机会。

消费商主导的是"花本来就该花的钱，赚本来赚不到的钱"，带来的是一种全新的利润分配规则。

消费商不需要投资，而且有大批的员工、科学家帮你工作、帮你管理，是零风险的一个商业主体。

消费商只是在做一种（省钱、赚钱）机会的传播者，不负责具体的经营，是最佳的财富自由的经营者。

消费商是一个轻资产的商业模式；消费商可以是第一职业，也可以是第二职业。

消费商带来的是一种消费革命，让消费者也参与了利润分配，让更多人成为消费商，分配更加合理。

消费商将成为销售的关键主体，优越于原来的店铺，是新消费经济时代的最佳互补。

消费商时代的来临

消费商是市场进入新消费经济时代所产生的一种新商业主体身份，在消费商概念出现之前，消费市场由经销商负责产品销售与分配，之后通过直销模式产生消费商，进入电商时代后网商开始崛起。与经销商不同，消费商不需要运作资金，其只需要体验产品，并把使用产品的效果分享给更多人。

如今，随着市场竞争的日趋激烈，以及消费需求的多样化、个性化，商家想要把产品销售出去已经变得越来越困难。在这种竞争环境下，谁拥有并锁定消费者，谁就能取得销售的胜利。那么，如何才能锁定消费者呢?

事实上,当你拥有的消费者群体足够大,你的产品又不损害消费者权益时,你卖任何产品都能赚钱。在智慧消费时代,经济活动将以消费者为核心,属于消费商的时代正在悄然到来。

第五章

智慧消费经济的基础与模式创新

1. 智慧消费经济的基础

随着居民可支配收入的提高以及网络技术和数字化技术带来的消费助推力,我国正迎来一个消费全面升级的智慧消费时代。特别是在物联网、大数据、移动网络、数字技术等先进科技的加速发展下,不仅放大了消费者的购买力,更推动了整个智慧经济时代的发展。

当前,科技的爆炸式发展放大了我国消费市场的潜力,并裂变出全新的消费市场结构和消费经济,这是当前智慧消费经济的特色所在。2017年居民新增消费中,互联网金融、手机支付等新消费形式至少贡献了3000亿元的购买力,占整体新增消费的9%。随着新消费方式的涌现,新消费主义的盛行,智慧消费经济正在对社会生活、商业活动等产生重要的影响。事实上,为了确保智慧消费经济稳定、高效地运行,需要政府、社会、企业做的还有很多,而其中最为重要的就是确保政策、金融、物流基础设施的建立与运行。

政策基础

近年来,国家出台了一系列扩大消费的政策措施。这些措施的着力点不是简单地刺激需求,而是在重点领域推进制度创新、全面改善优化消费环境、创新并扩大有效供给。2015年,《国务院关于积极发挥新消费引领作用加快培育形成新供给新动力的指导意见》就明确提出了消费升级的重点领域和方向，包括服务消费、信息消费、绿色消费、时尚消费、品质消费、农村消费等六大重点领域，这些都是下一步消费增长的重点领域。

值得一提的是，为了引导消费向智能、绿色、健康、安全的方向转变，扩大服务消费从而带动消费结构升级，我国政府还出台了一系列相关政策措施。

2018年9月20日，《中共中央 国务院关于完善促进消费体制机制进一步激发居民消费潜力的若干意见》明确指出：消费是最终需求，既是生产的最终目的和动力，也是人民对美好生活需要的直接体现；加快完善促进消费体制机制，增强消费对经济发展的基础性作用；从供需两端发力，积极培育重点领域消费细分市场；坚持消费引领，倡导消费者优先；促进实物消费不断提档升级，推进服务消费持续提质扩容；引导消费新模式加快孕育成长。

首先，要促进新消费就要适应我国居民消费呈现出的从重视量的满足向追求质的提升、从有形物质产品向更多服务消费、从模仿型排浪式消费向个性化多样化需求的升级。2016年，我国将加大服务业对内对外开放力度，加快推进公立教育、医疗、养老、文化等事业单位分类改革，尽快将生产经营类事业单位转为企业。同时，创新公共服务供给方式，推动服务业大繁荣大发展，从而使服务消费迈上新台阶。

其次，以推动人口城镇化为抓手壮大消费群体，加快户籍制度改革，支持农业转移人口自用住房消费等改革措施将逐渐展开，加快推进城镇基本公共服务向常住人口全覆盖，完善社保关系转移接续制度和随迁子女就学保障机制等措施都将从体制机制上释放被压抑的消费潜力。

最后，我国将加快推进重点领域制度创新，破除阻碍消费升级和产业升级的体制机制障碍，维护全国统一市场和各类市场主体公平竞争，以制度创新助推新兴产业发展，激发市场内在活力。

金融基础

为大力发展消费金融，更好地满足新消费重点领域的金融需求，2016年3月，中国人民银行等单位联合印发《关于加大对新消费领域金融支持的指导意见》，从积极培育发展消费金融组织体系、加快推进消费信贷管理模式和产品创新、加大对新消费重点领域金融支持、改善优化消费金融发展环境等方面提出了一系列支持新消费领域的细化金融政策措施。

在政策的鼓励下，一些有条件的银行开始围绕新消费领域设立专门的机构，针对垂直细分市场提供相关服务。目前，各个银行机构已开始优化网点建设，进一步加快消费金融创新，并提升对旅游休闲、文化教育、养老健康等新消费重点领域的金融支持，同时对生活服务、住房保障等消费信贷产品创新方面进行了积极的探索，而这对发挥新消费引领作用、加快形成经济发展新供给、新动力起到了积极的促进作用。

随着金融政策对消费市场的支持，越来越多的商业银行争相将消费金融服务切入子女教育、健康管理、文化体育、旅游休闲等各个消费场景之中，并纳入未来的消费金融发展战略。值得一提的是，随着消费金融业务与各个生活场景的全面融合，未来的消费者金融生态圈，将不再是单纯的消费金融概念，将会是全方位的金融解决方案。由此，银行消费金融业务同质化竞争的困局将彻底打破，从而真正成为商业银行新的效益增长点。

物流基础

在消费升级和技术创新双轮驱动的背景下，新零售将给物流行业带来新的变革。首先，企业要从以消费者为驱动的角度出发，提供更令人信任的商品、更满意的购物体验、更高性价比以及更快速的配送服务等，打造以消费者为中心的物流格局。

例如，零售商可以通过掌握客户消费行为特征信息，为其提供个性化、定制化物流服务，甚至可以根据大数据进行预测，为客户提前备货；通过采取产地直采加物联网等技术实现降低成本、增加客户信任度的效果；通过构建逆向物流和售后服务提升客户体验和满意度；通过智慧物流、资源共享和效率提升来实现物流成本的下降，以及通过店仓一体化、智能柜、微仓、众包快递等方式，解决新零售模式下的"最后一公里"难题。

此外，在数字化驱动下，建立以数据为核心的数字化物流网络，提高物流运输过程的透明度和服务水平，从而达到更加贴近终端、直面消费者、去库存、提高物流响应速度，以及实现企业差异化竞争优势和提升企业整体价值等目的。

以京东物流为例，其通过大数据分析可以非常准确地预测各个地区商品的需求量，从厂家到全国各大中城市，或者某个地区的仓库，之后直接配送给消费者。此外，通过对消费者行为数据的分析，京东物流还能做到高精度地预测一定时间节点内某一地区需要多少商品数

智慧消费经济新模式

量,并将预测销售数据反馈给制造商,从而指导厂家的线下生产,或者直接从厂家调货到当地,真正实现零库存。在大数据支持下的供应链管理中,京东物流将线上销售、线下生产以及配送融为一体,使得商品生产、流通、服务的效率均得到极大的提升,不仅缓解了物流的压力,也降低了生产商的库存风险,可以说这已经非常接近"新零售"时代对现代物流服务的高要求了。

2. 智慧消费经济新模式的发展与创新

智慧消费经济新模式的定义

"智慧消费经济新模式"是以互联网、物联网的发展为基础,以新时代"创新、协调、绿色、开放、共享"的五大发展理念为引领,以新消费投资经济学、消费商经济模式和新消费与经济发展的新动能为研究重点,以"云、物、大、智、链、通"的六大科技创新驱动为支撑,以共享经济新思维下的消费者价值分享系统、"长板理论、长尾理论"的创新应用、"天地路金智"五网融合及"七链结合"的智能新零售和社交电商为着力点,以"纵向九云十万店的交互式O2O、横向消费端拉动供给侧改革的C2S、深向融合人类智慧和人工智能的A&AI"的独特三维体系,实现让消费者想消费、愿消费、能消费、敢消费、满意消费、共享产业链价值目标的新消费经济模式;是致力于促进实物消费不断提档升级,推进服务消费持续提质扩容,打造新时代经济增长新动能、推动国家经济更好更快发展,满足人民日益增长的美好生活需要的利国利民利企业的智慧生态新系统模式。

随着科技的发展,网络信息日渐发达,通信技术快速发展,与此同时,支付服务领域也在不断细化,新型的支付方式不断被开发,用以满足人们越来越强烈的消费需求。在移动网络越来越成熟的今天,

智慧消费经济新模式

人们足不出户就能通过网络购买所需商品，通过第三方支付，即可随时随地使用手机支付话费、水电燃气费……新兴技术的发展给人们的消费生活带来极大的便利，消费习惯与消费模式也随之发生巨大变革。

智慧消费经济新模式形成条件一：逐渐成熟的网络技术

自2003年掀起网上购物的热潮以来，我网上消费市场每年的增幅保持在70%~90%。中国电子商务研究中心发布的《2018年（上）中国网络零售市场数据监测报告》显示：2018年上半年国内网络零售市场交易规模达40810亿元，同比增长30.1%。2018年上半年社会消费品零售总额为180018亿元。也就是说，网络零售市场交易规模占据了社会消费品零售总额的22%。再说得通俗易懂点，零售消费花出去的100元钱有22元钱用于网购了。尽管在网民规模增速下降、人口红利减少等因素的影响下，网络零售市场交易规模增速有所放缓，但是2018年网购消费总额再次达到一个新的高度。

国内网络消费市场能够以如此速度迅速扩大，最大的支撑因素是高达7.7亿的网民人数。在中国，互联网已经几乎覆盖了城乡各个角落，大多数人可以通过网络消费。与此同时，随着经济长期的高速增长，人们的收入水平也得到了大幅度的提高，以年轻人为主的消费群体正在形成追求性价比的新消费趋势。

中国网络消费市场不仅吸引了国内绝大多数品牌，许多国际品牌也相当重视中国市场，他们都希望凭借更优惠的价格争夺这个全球最大的消费市场。也就是说，网络与移动网络技术的发展让中国消费者可以以优惠的价格获得更高品质的商品，自然降价的市场环境又使得人们逐渐养成网络消费的习惯。在这种背景下，一种全新的智慧消费经济新模式也由此诞生。

智慧消费经济新模式形成条件二：新兴网上结算方式的应用

新兴网上结算系统的引进，也是促进网上消费额增长的重要原因之一。尤其是国家出台相应的政策支持电子商务产业的发展，将电子商务与传统产业深度融合，开展技术与商业模式创新来推动电子商务的快速发展，而这一切都让消费者可以享受到网上结算的便利，同时也凸显网上消费的实惠与便捷。

随着电子商务的发展，第三方电子支付方式开始走进人们的日常生活。第三方支付指的是，基于互联网，提供线上和线下支付渠道，完成从用户到商户的在线货币支付、资金清算、查询统计等系列过程的一种交易支付方式。自2011年第三方支付牌照发放后，在政策鼓励下，第三方电子支付企业以创新思维快速抢占市场。央行公布的数据显示，2016年第三方支付机构累计发生网络支付业务1639亿笔，金额达58万亿元，同比分别增长99.5%和87%。2017年，第三方支付交易规模突破100万亿元。2018年我国第三方移动支付交易规模达到190.5万亿元，第三方互联网支付交易规模达到29.1万亿元。

事实上，2011年，我国电子商务市场的增长已经超过传统零售业的增长。电子商务市场增长的背后有一个关键性因素，即我国是世界上拥有互联网用户最多的国家。2017年，我国已经拥有7.72亿互联网用户，如果通过网络消费的人群数量比重达到40%的话，那么，网络购物的消费者将增加1亿人。截至2018年年底，我国网民数量已经达到8.3亿人。

智慧消费经济新模式形成条件三：社交电商推动消费和企业两个领域的效率提升

在电子商务快速发展的同时，社交、团购等新兴消费模式也日渐火爆。随着团购形式的日趋成熟，社交电商作为一种新业态迅速崛起，这不仅是因为第三方电子支付这项业务简化了团购、商家与消费者三者之间的付款渠道，还因为O2O这种"线上线下"的理念逐渐为消费者、商家甚至公众所接受，此后人们开始越来越依赖这种消费模式。

社交电商是基于社交媒体或支持社会互动的网络媒体形式，也是通过客户参与推动在线购销产品和服务的电商。与传统电商相比，社交电商拥有体验式购买、用户主动分享、销售场景丰富等独特优势，用户既是购买者，也是推荐者，这样的消费形式深受年轻人喜爱。社交电商的发展，在降低企业营销成本的同时，也使消费者得到了更多实惠。

种种条件的成熟，让网络成为聚集商品以及吸引消费者的重要阵地，网络消费模式改变了人们对待商品的传统观点，同时其也正在逐渐让更多消费者养成通过网络购物的习惯。事实证明，网络购物已经成为一种更现代化、更智慧化的消费模式。

在消费领域中，传统消费对经济增长空间的局限性越来越明显，已经不能满足人们对方便、快捷消费方式的追求。如今，对经济增长的主要推动力来自智慧科技消费，只有通过科技进步和科技创新改造而形成的智慧消费经济新模式，才是推动经济向消费型增长模式转变的核心动力。

当前，互联网对传统产业的冲击，很大程度上是视角和价值取向的变化，这一变化决定商业机构向何处去：谁代表消费者的利益，谁才能生存和发展。消费者选择消费方式也随着经济发展而改变，当实体经济状态不断萎缩时，消费者逐步从线下向线上、从局域消费走向无边界消费，因此，所有商业模式都是随着消费者的消费方式改变而变化。

智慧消费经济新模式的创新一：共享消费模式

共享经济孕育着一种新的消费模式，这种消费模式可定义为共享消费模式。在这种消费模式中，市场将从"大众市场"进入"人人市场"，过去大众化和标准化的商品与服务将逐步让位于场景化和个性化的体验。

当前，共享经济虽然难以创造出新产品和技能，但通过时间、知识、产品进行连接、匹配、组合与利用，消费者会从中找到更多的个性化体验，消费者重新回到了准熟人社会，获得了某种意义的情感价值。值得注意的是，由于共享消费模式还没有完全定型，在现实中仍可能存在信用危机、质量的挑战等问题。由此可见，共享消费模式的普及发展，还需要从培育共享消费文化、加大推广力度、注重产品质量等方面多措并举加以引导。

智慧消费经济新模式的创新二：消费分享利润模式

消费分享利润是一个以消费为基础的理念，体现的是消费者的消费与回报关系，其是交互式合作营销的内涵的完美解释。消费分享利润模式为消费者搭建了两个"舞台"：一个是让消费者通过消费，经过平台可以获得一定收入；另一个是教会消费者如何实现经济自由的知识、经验、信息等。简单来说，一个是给消费者搭建参与世界财富分配"机会"的舞台；另一个是不断提升消费者分配世界财富"能力"的舞台。

值得一提的是，消费分享利润是企业销售政策中不可或缺的内容，也是消费者十分关心的内容。事实上，消费分享利润就是生产者和经营平台将自己的部分利润返还给消费者，它不仅可以激励消费方提升

智慧消费经济新模式

重复消费的欲望,而且还是一种很有效的针对上游企业的控制手段。

智慧消费经济新模式的创新三:场景化消费模式

场景化消费模式,在经济发达国家中已经相当普遍,在我国也已初露端倪。所谓场景化消费是指人们为了在消费中获得物质上和心理精神上的满足,而注重和利用消费物具有的象征意义和表现能力,通过对人、物、场合等相关要素的组合,构造出一个具有一定含义、氛围与效应的生活场景而进行的消费。

例如,在场景化消费的情况下,人们选择衣服不仅要实用,同时还要体现消费者的特性和审美观,能够塑造自我形象,与社交场合相匹配,等等。此外,消费者在选择家具物品时,不仅会注重商品的基本功能,同时还要求其符合自己的审美情趣,能够与特定的使用场合中的人和物等方面保持协调性,创造出某种情境和氛围。

智慧消费经济新模式的创新四:特色 O2O +C2S+A&AI 三位体系

智慧消费经济新模式创造性提出虚拟与实体相结合、供给与需求相结合、传统文化与现代科技相结合的"纵向九云十万店的交互式 O2O、横向消费端拉动供给侧改革的 C2S、深向融合人类智慧和人工智能的 A&AI"的独特三维体系。

它充分运用了互联网和实体店的优势,以广大的社区店为基础,依托互联网整合社区实体店资源,利用全国统一的平台系统来聚合供应链、物流链、信息链、消费链、价值链等,旨在建立一个覆盖全国的智慧消费服务平台、城镇化微物流平台和社区便民综合服务平台。一方面,通过对渠道资源的整合和产品升级,推动渠道扁平化发展,提升供应链的效率,降低成本,构建基于 B 端和 C 端新型的社区电商服务;另一方面,通过最大化挖掘社区实体店的资源价值,将传统的社区店升级成为现代社区商务服务的平台。利用网络的平台和技术优势，拓展和提升社区服务能力和盈利能力，延伸价值服务，成为最贴近消费者的入口。最终打造成为一个利国利民利企业的智慧消费生态新系统。

智慧消费经济新模式的创新五：智能交互式的O2O

如前所述，随着移动互联网的快速发展和消费方式的不断升级，O2O（线上线下）产业在全国各地如雨后春笋般涌现。"把以互联网为载体、线上线下互动的新兴消费搞得红红火火"已于2015年写入政府工作报告，更是将O2O模式推向了一个国家层面的新高度。

智慧消费经济新模式，在通常O2O的基础上，以线上分享券的线下应用、线下消费券的线上通兑，使得消费行为线上线下有机交互、自发自动循环，并以"智慧云卡"等数字工具构建一个通证平台，实现线上裂变与线下消费导流线上的有机结合，凝聚越来越多的忠实消费者和持续扩大的消费量。

3. 智慧消费案例——网易严选

随着智慧消费经济的崛起，消费者对品质的要求越来越高，而品质消费的供给侧缺口则越来越大。与此同时，国内制造业同质化竞争日趋严重，导致劣币驱逐良币现象的发生。在这一环境下，"网易严选"借力模式创新，为整个产业链注入新的活力，让中国制造业在消费升级的智慧消费经济下，更好地满足用户需求。

"网易严选"是网易旗下原创生活类自营电商品牌，其是国内首家ODM（原创设计制造商）模式的电商。"网易严选"通过ODM模式与大牌制造商直接对接，剔除品牌溢价和中间环节，为消费者提供高品质、高性价比的商品。2016年4月，"网易严选"一经上市就赢得众多消费者的青睐。

"严选模式"的模式创新

在传统电商领域，电商平台都在解决用户的"物质"需求，"网易严选"的出现则为用户解决了"精神"需求。电商平台解决了用户的商品品类、品质和服务需求，"网易严选"解决了用户的"生活品位"需求。2016年，我国人均GDP达到8000美元以上，这一时期国民消费结构也由"功能性"消费转变为"精神性"消费，用户开始追求商品的品质、服务的效率、消费的体验等。曾经美国与日本等国发展到这种阶段时，无印良品、Costco等商业模式应运而生，在中国，"网易严选"与名创优品恰好满足了消费者的这部分需求。

受全球金融危机的影响，国内很多工厂订单回流，工厂需要进一步开拓国内市场，而这部分厂商给国际厂商代工的毛利润仅为10%~15%，所以，这些工厂转型做低毛利代工是很难的。"网易严选"定位其毛利率可以达到35%~45%，其将20%以上的毛利率给到供应商，不仅解决了制造企业的问题，同时也为自己打开了销售市场。

随着新消费经济的发展，"网易严选"的创新商业模式，不仅满足了用户的需求，也满足了厂商的需求。

"严选模式"的运行模式

"严选模式"以消费者为中心，从消费者到供应商到商品再到物流，涉及生产销售的完整链条都进行了优化升级、严格把控，进而回归到为消费者提供更为优质的商品的初衷。

严控产业链上下游

我国制造业经过几十年的发展，早已不再是仅仅为国际大品牌提供加工业务的阶段，在产品制造环节开始融入更多创新内容，生产设计的产品也更符合现代消费者的需求。"网易严选"利用自有客户的大数据优势，将市场最需要的产品与供应商进行沟通，帮助供应商优化生产，从而得到更为理想的产品。

目前，随着"网易严选"平台影响力的逐渐强大，可以向上游掌控控制链与产品设计生产工序，压低中间环节溢价，将更多的利润让利给消费者，再通过口碑评价强化平台价值与购买认知，形成闭环，实现了最大化收益。

此外，在供应商的选择上，"网易严选"也有一套严格的标准。

"网易严选"在确定要做一个品类时，会通过调研确定该品类最先进的工厂，这是对工厂硬实力的要求。随后，"网易严选"供应链及质检部门会先进行验厂，考察的维度指标包括工厂基本情况、技术专利情况、新品开发能力、生产流程管控能力、质量管理能力等，最后会给出一个工厂的评估分数，来确定工厂是否符合严选的硬性标准。据悉，在"网易严选"的品牌制造商界面有40个国际一线品牌制造商的名字，其中包括无印良品、优衣库、爱马仕、CK、新秀丽等知名品牌。

严控商品质量

"网易严选"为了提高供应链的精细化管理，并没有盲目扩张平台商品的SKU（库存量单位，Stock Keeping Unit）。"网易严选"在上线之初，SKU只有不到200个，即使过了半年SKU也不足1000个。它和全美第二大零售商Costco超市的理念一样，并不是盲目追求SKU，而是注重商品质量。

为了严格把控产品质量，"网易严选"成立了"甄选家团队"，由各行业专家、生活达人、用户组成，全程跟进选品、生产、质检和上架，力求完善产品和用户体验。这些措施，既保证了产品的质量，也减轻了用户挑选换的压力。

值得一提的是，"网易严选"在自有品牌的控制上，不仅通过更多的维度来进行监控，而且监控更加精准。比如质检这一部分，在商品选品进入流水线生产前，"网易严选"会要求制造商先行打样。"网易严选"自费将样品送往全球权威的第三方检测机构进行质检。更有产中检测、产后检测、入库检测、巡检、抽检等诸多环节。据悉，在检测标准方面，"网易严选"正聚力打造企业质检的最高标准。

原创产品设计

"网易严选"对产品的设计一直坚持精益求精的态度,不仅在产品品质方面深耕细作,在产品设计上也寻求突破,为此,高品质、高颜值也就成了"网易严选"产品的最大特色与卖点。

目前,"网易严选"配备了国内一流的设计团队,人数已达百人。设计中心根据消费者的需求和"网易严选"本身的风格,提供日式、北欧、新古典、新中式等不同的设计方案,再由供应商进行生产。除此之外,"网易严选"拥有将近400人的外包团队,而且这个数字还在不断扩大。其中包括很多国内外优秀的设计师,比如像日本、韩国、丹麦、法国、意大利以及国内各大高校非常有名的个人设计师。

严格把控物流配送

当消费者完成消费之后,为了能让其尽快拿到商品,"网易严选"也对合作的物流公司进行了严格把控和挑选。"网易严选"副总裁肖南华表示"在选择合作伙伴的过程中,会选择一些在各行业各领域里面相对来讲有特长的企业",他认为物流最重要的一点就是对顾客的重视和送货速度快。在观念达成一致的情况下,"网易严选"选择了与京东物流合作,目前已经有70%的订单都是京东物流在送。

在智慧消费经济的环境之下,"网易严选"已经验证了ODM模式的成功。随着"网易严选"加大自主设计的创新力度,实现了将互联网的大数据运用前置到供应链前端的工业设计环节中,"网易严选"有望推动相关制造业的发展,帮助制造企业完成从"制造"到"创造"的转型升级。

4. 智慧消费案例——盒马鲜生

在传统零售时代，企业的发展更多依靠满足人口红利带来的基础消费需求，而在智慧消费经济新模式下，零售业增长的驱动则来自消费需求的升级。随着新一代消费者话语权的提升，消费者对品质的诉求日益提升。与此同时，在更多消费选择与消费渠道面前，消费者对线上线下消费呈现出不同的消费心态。在这一背景之下，阿里巴巴（以下简称阿里）通过对渠道、技术、体验的改造，在升级商品生产流通销售方式的基础上推出了智慧消费时代的新物种——盒马鲜生。

盒马鲜生是阿里在智慧消费时代对零售业态变革的重要探索。截至2018年3月，以线上线下融合和创新为主要经济特征的盒马鲜生，在全国共开设36家门店，覆盖北京、上海、深圳、苏州、杭州、宁波、成都、贵阳、福州等9个城市。而盒马鲜生提供的数据显示，盒马鲜生的坪效（每坪的面积可以产出的营业额）达到了普通商超的3倍，用户黏性和线上转化率远高于传统电商，线上订单占比超过50%，用户转化率高达35%，是传统电商的10~15倍。

无论是从市场反响还是从销售数据来看，盒马鲜生对零售业态的创新都比较成功。接下来我们就来看看盒马鲜生是通过何种模式赢得市场和消费者的青睐的。

盒马鲜生的创新经营模式

盒马鲜生的经营模式与传统电商和生鲜店存在很大区别。首先，从门店组织架构来看，盒马鲜生以线上销售为主，线下销售为辅，可以说其并不是一家 O2O 的企业。其次，盒马鲜生以线下体验门店为基础，并将之作为线上平台盒马 App 的仓储、分拣及配送中心，通过将线上、线下业务完全一体化，来满足周边 3 公里范围内的消费者对生鲜食品采购、餐饮以及生活休闲的需求，这就是盒马鲜生的经营模式。

在门店选址上，盒马鲜生以阿里大数据作为指导，针对不同消费阶层的活动商圈划定门店范围。从目前的门店选址可以看出，盒马鲜生所选的商场多为中高档生活广场，周边有写字楼、中高端社区等配套功能，居民消费水平偏中上，符合目标用户需求。

盒马鲜生的特色体验

盒马鲜生在经营上十分重视消费者的体验，力图通过良好的线上线下体验吸引更多消费者。接下来我们就来看看盒马鲜生在消费体验上究竟有何特色。

特色一：数字体验

与传统商超相比，盒马鲜生的数字产品布局可谓更胜一筹。从接触点分析中可以看到，虽然盒马鲜生在不同的线上渠道均有所布局，但却以 App 作为数字体验的核心，全渠道为 App 做导流。

盒马鲜生的 App 功能全面、操作灵活，消费者在线上可以网购、反馈，在线下也可以扫码付款，会员体系与运营活动也一应俱全。但是，如果只是停留在一个全功能的 App 上，它仍不能成为消费流程的必经之路。盒马鲜生的创新之处在于对支付的特意引导。在线下购买盒马鲜生商品，必须用 App 注册、登录和绑定支付，有了这一使用流程的引导，消费者在首次消费时便认知并实践了这样的流程。教育用户的过程并不简单，运营初期使用 App 支付的高门槛收到了市场不同的反馈，服务员拒收人民币一度成为争论的焦点。不过，消费者过了成功支付的门槛后，便可体验到 App 带来的便捷。

比如，线上线下的商品都是一致的，所以每一个商品标签都可以通过 App 识别条码。消费者看到想买的商品但又不方便购买时，可以扫码下单，30 分钟后快递就可送货上门。此外，在盒马鲜生超市内的各种自动贩卖机和结账机器，也可以用扫码付款实现自助支付。

特色二：场景体验

场景上，盒马鲜生为消费者提供多种类型的消费场景，让内容的组织服务于不同的消费主题。以上海浦东的盒马鲜生集市为例，这里的整体空间以"逛集市"的概念来组织和布局，首先，盒马鲜生借鉴了集市大街的元素，动线（指人在场景中移动点连接的集合）更为统一，分为主干道和分支，入口和出口分散于两侧，类似宜家。消费者不需要像在大卖场仓库式的货品堆里晕头转向地寻找。对于盒马鲜生而言，合理引导人流，主题区域的顺序变得可以设计，宣传广告的出场也变得可以安排。

在产品组织上，盒马鲜生的各种产品采用场景分类。在体验区内消费者可以看到各种产品的摆放充分为该片区的主题服务。例如，消费者在水产餐饮区，不仅可以吃到活海鲜，而且它的一旁就是烧烤区和啤酒专柜，这些都是由"吃海鲜"这个主题组织起来的。这样无论是随取随吃还是餐中再点，都不会打断用餐体验。

特色三：产品体验

如今，消费者对产品品质的要求正在日渐提高，商家在提供商品时也要与时俱进。为了更好地满足消费者对产品品质的追求，盒马鲜生通过几种方式为消费者创造新的体验感。

新鲜度：为了保证生鲜产品的出货的时效性，线上购物只从线下门店出货，30分钟送到，切中消费者对新鲜的追求。

丰富度：盒马鲜生利用数字产品触及小众差异化需求，用线上预约的方式按需进货和调配，这样通过App便可以购买到在普通商超缺失的小众产品，价格也更为合理。

灵活度：盒马鲜生通过将包装做小，保证一餐吃完的份量，并按加工程度进行分类，各取所需，满足人们不同程度的尝鲜期望，增加烹饪的乐趣，且免去繁杂的准备工作。

特色四：情感体验

阿里作为一家互联网企业，当然最熟悉互联网玩法，所以，我们在盒马鲜生身上，可以看到更多把品牌人格化的互联网传播方式。

无论是线上还是线下都可以看到可爱憨厚的河马形象。而在盒马鲜生店内，进店就可以与可爱的吉祥物进行互动，统一的黄蓝视觉系统让店内看起来鲜亮活泼，盒马鲜生把服务员称作"小蜜蜂"。盒马鲜生这种亲切的品牌IP，不仅深受小朋友喜欢，同时也唤起了"大朋友"的儿时情怀。此外，盒马鲜生还把欢乐气氛注入推广活动，门店入口区域的有奖套圈活动深受消费者欢迎。

5. 智慧消费案例——小米之家

随着智慧消费时代的到来，线上零售市场开始趋于饱和，电商流量遭遇天花板，曾经单纯依靠线上市场的互联网企业，也开始把目光投向线下，纷纷开始尝试线上线下融合的新零售模式，这其中最为典型的就是以产品起家、以电商为主要销售渠道的小米，小米通过"小米之家"入局了线下零售战场。

小米之家是小米公司自营连锁实体店，其主要为消费者提供产品展示、科技体验、增值服务、商品销售、社交互动等多种创新零售业务。截至2018年3月，小米之家在全球开设了331家门店，遍布130余个国内外城市，有效满足了消费者对小米产品的需求。值得一提的是，小米之家通过创新的运营方式，不仅实现了数量的快速增长，同时其坪效始终稳定在27万元以上，居世界零售品牌坪效前列。

在线下零售市场销售仍然低迷的大背景下，小米之家以创新零售模式，创造了傲人的销售业绩。那么，小米是如何在智慧消费时代为零售业态插上"效率"的翅膀的呢？

独具特色的市场定位

小米之家最初的业务是售后服务，自2015年开始，小米之家开始尝试在店内做销售。同年5月12日，小米Note顶配版的线下首发可以说为小米之家的零售之路打开了思路,随后举办的小米 4C、九号平衡车的线下品鉴会,现场也支持直接购买。在 2016 年年初的小米发布会上,雷军宣布小米之家从服务店转型为零售店,成为小米官方直营的线下体验店。

其实,小米之家不单单是卖手机,更是科技界的"无印良品"。小米之家虽然以手机销售为主,但它并不是传统的手机卖场,而是类似无印良品、沃尔玛这样的百货零售店。店内陈列 300 多个 SKU,均是小米生态链中自主孵化的明星产品,包括小米笔记本、空气净化器、净水器等智能家居硬件,以及小米手环、移动电源等手机周边配件,均是主打高品质、高性价比的产品。

合理的商品组合与更新

小米之家商品陈列扩宽了手机以外的 SKU,包括影音设备、智能家居产品、极客酷玩产品以及手机电脑的周边和配件,共计超过 200 个 SKU。覆盖消费者个人、家庭、办公、出行、旅游等不同的使用场景和用途,满足消费升级需求。如在店内局部空间模拟家庭厨房、客厅环境进行产品展示,增强体验和购买乐趣。

此外,通过低频消费产品(如手机、电视)和高频消费产品(耳机、电池、牙刷)相组合,以及基于小米生态链模式不断推出的新品、爆品,大大增加消费者的进店频次和消费意愿,同时产品品类覆盖了儿童、青少年、中老年不同年龄段,有助于吸引家庭体验和购物。

高效的坪效公式

小米之家在新零售市场之所以如此出色,主要表现在惊人的坪效——小米新开门店的坪效在 27 万元/年,高坪效和手机销售占比 50% 以上有一定关系,因为手机单价较高;此外客流量大、转化率和复购率高是重要因素。当前小米之家门店的转化率在 20% 以上，每日人流量稳定地保持在 1000~1500 人，周末能达到 2000~3000 人的水平。

小米线下零售形态的坪效公式为：坪效 = 流量 × 转化率 × 客单价 × 复购率 ÷ 面积。事实上，小米之家也是基于流量、客单价、转化率和复购率进行创新，从而创造惊人的坪效。

高效的运营模式

小米自建基础能力包括仓储、物流、售后维修、客服等，有效地保证了小米商城的发展，同样的能力可直接应用在小米之家的发展中，相比传统零售模式，大大地节约了成本，提高了效率。

值得一提的是，小米之家店员大多为"90 后"，其优势在于科技产品的实践能力和学习能力强。此外，"90 后"不仅善于在线下环境与消费者沟通互动，同时也善于利用微信、微博进行线上的品牌和产品展示与传播。

下篇

新消费，新模式
——智能零售

# 第六章

智慧消费引领智能零售

1. 什么是智能零售

零售业是一个既古老又年轻的行业,自 19 世纪以来,在工业革命的影响下,现代零售业开始萌芽。随着经济的发展和技术的推动,现代零售业经历了从实体连锁零售、电子商务零售到智能零售这三次重大变革。当前,在智慧消费经济的大环境下,智能零售正在悄然改变我国零售业的整体格局。

纵观三次变革,传统零售业最为重大的改变是连锁经济形态的出现,实体连锁零售经营大规模引进 IT 信息技术,奠定了现代零售的技术框架。电子商务时代,互联网技术的日渐成熟,又让人们养成了线上购物的习惯,成功开启了新消费时代。如今,随着物联网技术的应用,以"智能化和数字化"构成的智能零售将重塑未来商业。

什么是智能零售

那么,究竟何为智能零售呢?事实上,智能零售是基于移动网络、物联网以及大数据等新兴技术,达成商业供应、服务与顾客需求的精准匹配。在智能零售模式下,企业的库存商品总量与顾客每天购物商品数的比值会大幅降低,整个供应链效率得以大幅提高。同时,物流技术也会进化到高度自动化的阶段,包括自动驾驶与机器人上门送货等应用的普及,让更多短时场景的商品加入更加贴近顾客的模式。智能零售将让零售场景实现数字化与无缝化。

消费者小王经过一家门店，被数字化标牌系统吸引进店，门口的人脸识别技术就锁定小王，一路收集小王在货柜前停留的时间等数据。小王通过智能手机或其他智能设备连接网络，并通过手机扫描获取商品信息时，在她拿起商品的时候智能看板会立即显示这件商品的相关内容，小王还可以在逛购的过程中先在智能餐厅排队叫号系统上选择午餐地点，预先叫号，通过 App 了解所需等待的时间。在小王购买行为结束后，智慧 POS 应用会为她快速结账并把她的消费信息留存归档，当她下一次来到这家门店时，店员会根据她的偏好推介商品。而店长和区督导则可以通过智慧店长 App 等移动智能设备监控整个门店的运营情况。

以上场景就是一个典型的智能零售场景，通过视频捕获客户行为数据，之后使用分析数据来监控、识别和跟踪消费者的购物趋势和行为。其实，智能零售就是要通过科技手段，让零售回到为消费者服务的本质上来。

零售的新趋势

当前，零售业一直在紧随科技的进步而变得更好，这对于人们生活品质的提升无疑是积极而有效的。随着技术的迭代发展，以及越来越多的零售商对物联网、人工智能、大数据等技术的应用，智能零售正在逐渐成为一个重要的趋势与潮流。

在传统的零售行业，更多的是产品主导的卖方市场，而当前的市场，已经进入后信息化时代的买方市场。在以消费者为主导的新零售环境下，我们先来研究消费者正在发生的改变。如今，"80 后"与"90 后"已经成为主体消费者群体，他们具有优越开放的成长环境，因此他们的消费观比较自由，讲究性价比，并且敢于超前消费。在消费过程中，他们个性鲜明，但缺少耐性，对品牌的忠诚度不高。同时，他们对新科技产品的接受意愿更强烈，他们更看重体验，并以"满足感和便捷感"为追求目标。因此，从消费者的角度来看，新科技产品所提供的更便捷、更个性化的服务体验是吸引并使他们持续保持消费兴趣的重要手段。

在传统零售领域，正面临店铺租金、雇员工资等运营成本持续上涨的问题，而与此同时，电子商务的便捷性以及更高的性价比正好满足了"80后""90后"的消费习惯需求，从而分流了传统零售实体店的大部分客流量。很明显，传统零售行业正面临极大的挑战，而要解决当前的问题，只有引入新的信息技术，并利用新技术、新方式加强与消费者的互动，从而增加线下实体店的客流量，增加消费者对品牌的信任与依赖。

事实上，不止传统零售行业需要变革与创新，电子商务同样需要新的突破与尝试，这也是O2O可以在零售市场拥有一席之地的重要原因。O2O其实只是一个开始，通过O2O形成商业闭环积累大量的数据，然后通过数据挖掘消费者的行为并提供个性化的服务，即C2B，才是零售商从O2O期待的终极目标。

当前，移动互联网、物联网、云计算等新技术的逐渐成熟，正在为大量数据的收集和分析提供更好的基础。因此，市场的需求和日渐成熟的技术的结合，也必然催生智能零售时代的到来。

2. 物联网对传统零售的颠覆

在新技术的推动下,当前,我们正从移动互联网时代,迈向万物互联的物联网时代。在物联网逐渐渗透到生活各个领域的过程中,人们的生活似乎并没有改变,但是,随着商品包装变革的开始,物联网正在对每件商品进行标记编码。

每件商品都有唯一的编码,每个编码都代表一个不同的ID。我们称其为"物联网产品"或者"物联网"消费分支。目前,所有特殊的编码通常是通过以下一种或几种技术被印在包装上:二维码(QR-codes)、射频识别(RFID)、条形码(Barcode)、近场通信(NFC)、数字矩阵(Data Matrix)或者简单的数字编码。

通过每件商品唯一的编码,消费者即可通过扫描编码验证产品真伪、读取商品信息,专业人员则可以根据编码制作物流清单、跟踪分销和召回进程。而随着物联网等新兴技术的发展,人们的购物方式和消费方式将会发生重大改变,为了适应这种全新的变化,零售行业必将迎来颠覆性的变革。

颠覆式变革一:消费体验

在亚马逊无人便利超市(AmazonGo),消费者提着购物篮来到收银台,实时扫描RFID标签,可在几秒内算出总价……

许多零售商通过 RFID 技术深度改善了运营模式，已覆盖库存、退货、防盗、收银等环节，现在正逐步实现物流数字化管理，例如接待、拣货、商品从仓库到商店或给网上下单的客户进行物流配送……不过，更多改变仍有待开发，尤其是在与消费者交互方面。

颠覆式变革二：消费者互动

如今，消费积分已经成为一种非常重要的营销手段。然而，依然有许多大型消费产业置身积分活动之外，因为他们并不直接面对消费者。而随着独立编码的出现，任何企业都可以通过引导消费者扫描商品编码，实现积分累计获取相应奖品，这一过程完全不需要双方面对面进行。

对于那些不直接与消费者接触的企业来说，它们也可以通过收购互联网企业提供数字化市场、积分服务和重要推广信息。这一形式非常适合熟悉网络技术并乐于参与有趣、有价值活动的消费者。消费者无须额外操作，邮箱里的广告邮件越来越少，取而代之的是每次产品交互中的精准服务投放。

颠覆式变革三：分销渠道管理

中国奶制品龙头企业伊利曾引入供应商跟踪系统，即所有产品附加独立 ID，通过扫描可跟踪每笔交易（从生产商到代理商再到零售商）的过程。伊利对这一系统的评估显示，此举已经成功减少假冒产品事件，引入这一系统一年后即为企业节约数百万美元。

目前，市场配货调度仍然是对企业的巨大挑战，而独特的供应链追踪系统将成为提供精确的产品供货图、提高交易消费比的关键解决方案。简而言之，产品公司将实时掌握每笔交易：谁在何地的哪家门店以什么价格购买的，并且能够实时与合作零售商策划推广活动。

颠覆式变革四：终结零售环节的浪费

在波兰，一家百货零售企业在自己的鲜货类产品中应用了 GS1（它同时包含 5 个含义：全球系统、全球标准、全球解决方案、全球一流的标准化组织、全球开放标准或系统下的统一商务行为）2D 条码。这个特殊条码包含保质期，意味着销售终端可实时跟踪出货情况，并推算剩余库存保质期。这一方案更好地实现了鲜货类产品库存管理、浮动定价和更优质的购物体验。

在零售领域，配货、经营、消费环节浪费的食物占全球食品供应链比例达到了惊人的 15%。这也是标准化供应链尤其是水果和其他鲜货上的 GS1 条码价值不可估量的一个原因。除了新鲜度、尺寸、品质以外，唯一条码认证技术还可纳入更多消费者关心的问题，比如农药使用情况、运输过程中的燃油消耗、自然成熟时间等。市场需要更安全的食品，可追踪技术将会加速供给模式的转变。

颠覆式变革五：建立更可靠的信任感

消费者购买商品时，他们或多或少都会担心质量问题，害怕买到山寨货和伪劣品。这也是现在许多企业为消费者提供正品验证的原因：打开包装后，会看到一个唯一的 ID、二维码或者涂层下的隐藏编码，通过这个 ID 或编码可查询验证产品的真伪信息。

尽管在大约 20 年前，国内消费者就已开始看到产品上标有 ID 的贴纸，可据此拨打热线电话进行查询。然而山寨厂商可以用同一 ID 复制出无数假货。在技术进步的背景下，唯一 ID 将在供应链、推广、活动、交易中广泛使用，而识别仿冒 ID 将越来越迅速，最终仿冒品将无处遁形。进一步来讲，检查产品编码有效性将整合在每一环节，其间仿冒品 ID 将被标识，如此一来，消费者无须主动检查产品——这将是买卖过程的一部分,而消费者亦将不用担心产品质量问题。

物联网正在改变我们生活的方方面面,无论是休闲娱乐、医疗保健,还是商业零售,几乎每个行业都在采用新技术。统计数据显示,到 2020 年,全球物联网设备接入量将会达到 260 亿台,物联网产品和服务提供商们的收益预计会达到 3000 亿美元量级。上述数字充分说明,物联网时代即将到来,那随之而来的便是消费与商业模式的改变。现在,消费者对于购物体验的需求也已经开始悄然改变,零售业界必须正视且积极应对物联网给传统零售业带来的改变与颠覆。

3. 智能零售的未来发展方向

智能零售是以用户为中心，在技术驱动下，建立在可塑化、智能化和协同化的基础设施上，依托新供应链，线上、线下深度融合，重构人、货、场，满足用户需求，提升行业效率，实现"全场景、全渠道、全体验、全时段、全品类、全链路"的零售模式。智能零售是新时代零售的一种表现形式，总体来看，智能零售未来发展将呈现以下六大趋势。

趋势一：前沿技术的应用

科技对于传统行业的赋能是无法估量的，所有智能零售商都将跟进物联网、人工智能、现实增强、虚拟现实、图像识别以及机器人等新前沿技术的发展。而这些技术将成为零售商进一步提升业务和获得良好客户关系的重要工具。

目前，人工智能语音设备正在颠覆消费者购买产品的方式。例如，亚马逊的两款产品均带有Amazon.com同步的内置功能，可以轻松实现购物。通过一个简单的语音口令，消费者就可以通过Alexa直接购买商品。

此外，一些现金的技术也将被应用在实体店中，以增强和提升个性化的购物体验，增加店内人员流量。例如，德国电商 Ceconomy 利用 VR App 将顾客带入一场葡萄酒之旅，来推广商品。

趋势二：场景化消费与服务

智能零售要求企业根据场景来设计功能，强化消费者体验感受。比如，当你想要坚持健身，但又经常因为各种原因而半途而废时，你是不是希望有一款工具可以监督你持之以恒地进行运动呢？这时微信就开启了微信运动功能，通过记录用户步数、和好友 PK 等模式进行运动激励。一个单纯的健身运动，变成了一个包含诸多场景的运动体验。

此外，在智能零售市场，当产品体验不足时，商家会建立适当的服务场景来打动消费者。比如，当你想要买房时，如果看到毛坯房一定会兴致大减。而当你看到样板房后就会产生"家"的感觉，从而刺激购买欲望。通过场景来打动客户的购买欲望，激发消费者的共鸣，促进产品和服务的销售。

趋势三：供应链重构

传统的供应链是层级式的，低效复杂；电商的供应链虽然实现了点对点，但线下与线上却是分离的。智能零售将重构供应链，包括智能分仓、"以店为仓"、柔性供应链。

智能分仓针对不同区域安排商品的种类和数量。

"以店为仓"将门店作为仓库的载体，实现店仓结合。

柔性供应链无论是商品流、信息流还是现金流，都需要快速响应。

趋势四：全渠道经营

传统零售行业以消费者的单渠道购物为主，在互联网出现之后，多渠道购物开始盛行；随着社会化媒体的出现，跨渠道购物的尝试开始盛行；移动社会化媒体普及后，人类开始进入全渠道购物阶段。

在全渠道条件下，购物的主动权掌握在消费者手中，消费者可以借助各社交媒体对零售商终端进行选择，享受极致的购物体验。从零售商的角度来看，全渠道就是在多渠道的基础上，对各个渠道进行整合，让各前台、后台的系统实现一体化，为客户提供一种无缝化体验。从消费者角度来说，全渠道就是可以让消费者在一个渠道挑选产品，在另一个渠道进行比较，最后再选择第三个渠道进行支付购买。

趋势五：全域营销

全域营销模式是多种多样的，涉及到线上线下渠道以及内部数据与外部数据的交叉与融合，覆盖企业的信息展示、商品体验、订单、支付、物流配送、售后等不同环节。在每个环节充分的数据化之上，以大数据和人工智能技术为核心，可以深度洞察用户需求、建立精准用户画像，为不同客户提供不同的产品和服务，实现个性化和精准营销。

在智能零售模式下，企业不再只是简单地展示商品信息给消费者，还能够与消费者进行实时互动。这种互动不仅紧跟时代不断发展的技术，更是融入了消费者多样化的生活方式。

趋势六：无人零售的普及

进店扫码获得电子入场码，选好货物后自动结算，然后，你就可以潇洒地离开便利店。无须排队结账，全程无人收银，未来这种无人零售的场景，将成为智能零售领域重要的组成部分。

目前随着技术的发展、人工和租金的上涨、基础设施的规模化和移动支付的普及,尤其是人工智能和物联网技术的飞速发展,无人零售已经具备加速发展的客观条件,加之资本入局,无人零售将进入快速扩张阶段。此外,各种新型的自动售货机,包括占领办公室的自动咖啡机、自动售卖冰柜,还有占领连锁酒店的情趣用品售卖机等,也将成为新零售形态中不可或缺的一部分。

4. 创新驱动：科技创新让零售无边界

在科技爆炸式发展的当下，人工智能、物联网、大数据、云计算区块链、现代通信技术等一项项颠覆性技术横空出世，这些创新技术的出现，不仅重构了人类的思维结构，改变了人们衣、食、住、行等一切生活场景，同时也驱动传统零售生态和格局的重构。

人工智能技术

智能零售线上与线下有机融合的方式，同时也引发了"三多"现象，数据来源多、数据格式多、数据容量多，尤其是各种场景的应用，声音、图片、视频等非结构化数据会大幅增加数据容量。在这一情况下，人工智能技术处理大数据的能力，就可以更好地利用数据价值赋能智能零售。

目前，新型大卖场与商超的配送标准是 30~60 分钟送货上门，即时消费领域的标准是 30 分钟，比如便利店等。智能零售时代，快递将发生巨大改变，短距离配送，将成为未来的新潮流。

短距离配送，以传统方式来看，其配送成本往往超过商家承受范围。正是由于这种配送标准的高要求，所以才必须通过算法与人工智能技术进行优化，从而提高配送效率。以盒马鲜生为例，智能配送标准作业流程为拣货、分箱、合单 10 分钟完成，物流路线智能分配骑手

20分钟送货上门。基于算法与深度学习，完成智能配送。而其配送效率则在于其跑一趟，可以送好几单。

一般来讲，零售商在选择短距离配送时，会采用第三方配送加自己配送的标准组合，每一趟配送的最优效率，依靠人脑计算并不现实，只有人工智能才会给出最好最快的决策。

大数据技术

大数据可以说是智能零售的核心。在智能零售的模式下，大数据平台是整个新零售生态的中枢大脑，是服务决策的关键因素。在智能零售领域，大数据应用涵盖销售分析、库存分析、精准营销、消费者行为分析等内容。大数据可以有效提高零售商运营的获得效率，如利用点击量、客流量，研究消费习惯，实现精准营销等。

菜鸟网络通过对大数据的应用成功加快了物流配送速度。通过分析海量历史数据，菜鸟网络选取销售量较高的商品，并对其在不同城市的销量作出预测，差异化地建立前置仓，提前将商品布局在离消费者最近的仓库，即使在订单高峰期间，货物也能快速送抵消费者手中。正是通过线上线下的数据打通，商家能够实时进行两端的库存动态管理，线上订单也能自动流转至最近的线下门店，最终由即时物流上门取货配送。

RFID 等物联网技术

物联网是智能零售产业闭环的最后关键点。物联网作为一种感知层的物理实现，其能够以极低的成本将商品信息数据化，将整个线下零售的一切商业行为都搬到互联网上，再通过大数据和人工智能进行处理和分析，形成一个线上线下商业行为的全图场景。如果没有物联网技术的发展，线上线下融合将不可能完成。

正是由于物联网技术的发展，零售商可实时追踪数据，完成对产品脱销、滞销、不合格等情况的快速响应，同时可采集消费者行为数据，通过对全流程的监控来挖掘最大化的利润空间；对于消费者而言，通过物联网技术，可以自助验证产品真伪、快速成为会员获取积分和更多产品推广信息等，获得的服务也更加高效便捷。

超高频 RFID 解决方案在服装零售领域的应用效果被市场反复验证，在服饰行业接受度提高的背景下，渗透率虽只有 5% 左右，但未来空间广阔。服装零售业是目前超高频 RFID 增长最快的应用市场，2016 年增速达 60% 以上。

库存和供应链问题是服装零售领域的痛点问题，同时由于 ZARA、H&M 等快消品牌的兴起，对库存、供应链管理提出了更高的要求。超高频 RFID 技术的应用可解决鞋服零售行业库存高、补货不及时、数据不精准、物流效率低、盘点耗时长、防伪防窜防盗等核心痛点。

境外方面，ZARA、H&M、迪卡侬、Prada 等品牌商以及梅西、科尔士等百货公司已开始规模化应用超高频 RFID 技术；国内方面，海澜之家、泰莲娜、拉夏贝尔、URBAN REVIVO 等品牌商也开始逐步应用该技术。

值得一提的是，线下的智慧门店也开始逐步兴起，迪卡侬、Prada 等品牌商开始使用超高频 RFID 技术在实体门店提供智能导购、智能试衣、批量收银等服务，为消费者提供极致体验。

例如，在 Prada 试衣间的智能屏幕前，每件衣服上的 RFID 芯片会自动被识别，识别后屏幕上就会自动播放模特穿着这件衣服走 T 台的视频，与消费者产生互动。而衣服被拿的次数、停留时间、是否被购买等信息，都会通过 RFID 进行收集并传回 Prada 总部，被加以分析和利用。

AR/VR 技术

在智能零售时代,将会有各种新事物不断涌现。比如,拍照即可实现商品搜索和购物的应用、营造沉浸式购物体验的 AR/VR 技术、支持自动结账、刷脸付款的无人超市,能够自动下单订购生鲜食品的智能冰箱等。事实上,随着信息技术及互联网技术的发展,中国零售业将面临数字化再造,逐步形成更为高效的实体零售与虚拟零售无缝融合的零售业态。

毫无疑问,在追求成本、效率和体验的智能零售时代,技术将成为重要的推动力。而能将虚拟数字物体和现实世界融合的 AR/VR 技术,无疑是这一革命的关键。即使目前 AR/VR 在技术和应用场景方面仍存在一定的痛点和局限,但不少领先的品牌商及零售商已经将其看作下一个零售业态的风口。

2017 年 10 月,全球最大零售商沃尔玛在洛杉矶举办了一场豪华聚会。在这场主打 VR 技术的盛会上,共有两个 VR 体验项目。其中一个是和 Fishermen labs 共同打造的钓鱼体验,消费者可以在 VR 世界根据不同情况选择不同的钓具。在阿拉斯加的北极光天空下,体验者可以感受甩钓的乐趣。当然最重要的是,在一个虚拟的船上,你可以查看冰盒的尺寸和空间,并直接购买。

在另一场快闪活动上,沃尔玛同样用 AR 技术吸引了众人的眼球。AR 试衣镜通过 3D 扫描的方式,建立了消费者的身体轮廓模型图,允许客户虚拟性地选择、试穿衣服。更神奇的是,这款 AR 试衣镜还可以让客户看到自己背部的样子。对消费者和零售商而言,AR 试衣镜成为一个超级方便的工具,你只需要试穿一次衣服,就能看到这件衣服所有颜色的款式穿在身上的效果了。

在零售业态的变革中，科技、数据和分析能力已经成为至关重要的驱动力。在以消费者为中心的生态系统中，科技进步让零售商、品牌商能够借助更多元、更高效的方式触达、洞察并对话消费者。同时，新技术的应用也使得企业能够更加有效地优化运营和管理，以消费者为中心进行资源的有效配置和运用。由此可见，科技必将是未来零售持续创新与转型的基础，企业应该以开放的心态去面对技术革新，借助科技的力量让零售业态向着更智能、更智慧、更无边界的方向前行。

5G 技术

5G 网络的低时延、大带宽、广连接为消费场景创新提供了无限可能。线下的"无人便利店"就是 5G 网络支持智慧零售的体现。消费者只需打开店家 APP 或微信小程序，扫码进店，从货架上挑选自己喜欢的商品，无须再对商品进行扫描，拿好商品后即可直接出店，消费者离店后的一两秒内，将自动收到消费清单。整个购物环节无人工干预，真正做到"无人收银，拿了就走"。对于店家来说，在 5G 网络支持下，店家可以通过计算机视觉、传感器融合、深度学习等技术分析消费者的购物行为，比如拿起或放下了哪些商品。即使消费者在购物环节中对商品进行遮挡，比如将商品放入口袋、背包、行李箱中，后台系统也能自动判断其购买了哪些商品，并在消费者离店时，自动完成扣费。通过 5G 网络，店家还可以了解商品的上架情况、商品的销售情况、消费者的状态等，通过分析这些海量的消费行为数据，刻画消费者画像，洞察消费者的喜好，然后采取相应的措施，如理货、补货等。从而打破了实体零售企业被动销售产品的现有格局。

5G 的优势将显著改善用户访问速度，通过 VR 和 AR 应用可以塑造身临其境的感知体验，商家将商品图片、视频通过网络进行展示，消费者可以足不出户进行实景体验，从而创造出新的消费体验。

苏宁与联通在上海共建了全国第一家5G体验专区，体验专区分为5G手机体验区、5G+8K电视体验区、5G+云办公体验区以及5G+VR云游戏等多个5G领域体验区。该5G体验店当前以展示体验为主，属于第一代模型店，后期会迭代出很多升级版本，在上海的多个商圈开设。5G拥有比4G快20倍的传输速度，而且无论是在安全性还是便利性上都大大超越了4G网络。在5G体验店，如果消费者向自己的朋友拨出5G高清视频通话，和朋友分享体验5G视频的激动心情，全程都会顺畅不卡顿，体验感绝佳。

第七章

智能零售时代的产品再造

1. 以技术为桥梁重塑产品与人的关系

从商业零售的发展历程来看，无论是传统零售时代，还是电子商务时代，产品与人的关系一直都是核心所在。如何通过新的方式更好地处理产品与人之间的关系，如何借助新的手段完成产品与人之间高效对接，这些才是商业零售力图解决的最主要问题。在智能零售时代，成功的关键依然在于如何重塑产品与人之间的关系。

电子商务时代，人们的消费需求是买到性价比更高的商品，而在智能零售时代，消费者的期望值变得更高，他们追求商品的个性化、多样化，追求更好的消费体验与服务。

电商平台的出现，改变了消费者需要逛街才能看到产品、了解产品的传统模式，在互联网技术的支持下，人们可以在网上找到一切他们所需要的产品。然而，随着B端供应和C端供应的持续增长，电商平台的商品供应越来越多样化，消费者需要经过反复筛选才能找到自己心仪的产品，而这一过程对人们来说无疑是一种煎熬。当前，单纯实现消费者便捷购物的目的已经无法真正为电商带来长足性的增长。

在用户消费升级，电商供应效率下降的时期，智能零售的出现恰好解决了消费者更高层次的消费需求。如何在海量产品之中快速找到消费者真正需要的产品，如何在消费者寻找产品的时候准确预知其需求，显然已经成为智能零售的核心所在。因此，在智能零售时代，赢得消费者青睐的关键就在于实现产品与人的精准对接，重塑产品与人之间的关系。那么，如何实现这一转变呢？答案就是，通过技术为手段为桥梁，重塑产品与人的关系。

当前，技术的创新与发展速度越来越快，而这也为智能零售时代的到来创造了基础。事实上，科技的进步不仅是推动智能零售向前发展的动力，从某种程度上讲，技术也是产品与人之间的一种渠道与媒介，通过技术的连接，产品与人之间的关系得以被重塑。

通过大数据技术，实现商品与人之间的联通

在传统零售时代，消费者通过商店、超市的渠道与商品产生联系；电商时代，消费者通过互联网的方式与产品产生联系。但是，这些联系的方式改变的都仅仅是产品获取的渠道，对于产品本身的变化来讲并没有直接与消费者产生联系。

当我们进入智能零售时代，产品与人的生产关系也开始通过大数据的方式进行连接。所有数据来自商品自身，通过一切数据我们可以描绘出产品的基本模型，甚至还能实现产品数据与人的数据之间的完全对接。在这一逻辑下，产品不单单是一种供给者，它同样成为一个提供者，它所提供的是与用户在与其对接后所产生的数据。在这些数据的帮助下，产品与人能够实现直接联通，产品与人之间不再只是供需关系，他们之间的角色将会逐步淡化，转而成为一种能够相互联通的有机整体。

通过虚拟现实技术，为商品与人创造更多接触机会

在电商时代，消费者了解或者接触某个产品大都是以图片的方式来呈现的，进入移动网络时代后，消费者了解产品的方式更为丰富，短视频和直播的方式，实现了商品与人接触方式的转变。然而，这些媒介依然未能让商品与人之间存在的诸多壁垒得到根本性的改变，我们需要借助新的媒介来改变传统商品与人的接触方式，才能实现人的购买体验的提升。

事实上，借助虚拟现实技术、增强现实技术即可实现产品的溯源，产品的生产再现，产品的多维展示，让用户能够更加直观清晰地了解产品。之前，在天猫购物节上的虚拟现实技术购物就是这种媒介出现的重要体现。未来将有更多、更先进的技术支持这样的呈现方式，而到时也将会有诸多元素加入到改变产品与人接触媒介的过程之中，从而使人们的购物方式带来革命性的转变。

通过人工智能技术，提升商品与人对接的效率

目前，产品的生产大多还是以人工为主。然而，随着人力成本的持续提升，通过人工进行生产早已无法满足节省成本的需求。随着人工智能技术的发展，通过将标准化的生产流程交给智能机器人来完成，让工人去从事更具创造性的工作，成为未来提升产品与人对接效率的关键所在。

在产品生产之外，人工智能技术还可以在商品的生产方式、运输方式等诸多方面为人们带来便利。事实上，通过人工智能技术，可以实现产品与人之间对接效率的显著提升，如此一来，用户在智能零售时代可以获得的用户体验也能得到最根本的改变。

2. 用户需要的好产品是如何炼成的

智能零售时代，话语权由商家转向用户所拥有，而要把握用户就要针对用户需求提供产品。站在用户的角度来看，好的产品胜过好的渠道。而站在商家的立场，好的产品则是拴住用户的核心利器。事实上，只有好的产品才能带来好的用户体验及口碑传播。那么，如何才能打造出满足用户需求的好产品呢？

探究消费者隐姓需求

一般来讲，消费者需求分为显性需求与隐性需求。显性需求比较容易被满足，并且满足这一个需求的过程中产品往往供过于求。然而，消费者隐藏在内心深处的隐性需求却很容易被商家忽视。在商业竞争中，探究到消费者的隐性需求才是商家掌握主动权的关键所在。

华为在做消费者洞察时得出了"萨提亚冰山模式"理论，这一理论告诉我们：一个好的产品开发必须要专注于消费者的隐性需求，通过产品的特征设计渗透消费者的理念、期望以及自我价值，只有这样的产品才能真正被消费者发自内心地接受。

关注消费者核心需求

当商家掌握消费者的隐性需求之后，同样不能忘记消费群体规模的重要性。当商家所面对的消费群体规模越大时，就会出现消费者更具个性化的隐性需求越无法得到真正满足的情况，然后从一个好的产品变为了普通产品。

宝洁公司旗下的"飘柔"曾经实施"大品牌"战略，而它的教训告诉我们，满足更多消费者需求和满足消费者更多都是徒劳无功的。当你越想做到时，品牌也就越脆弱，而你越想追求全面，品牌就会变得越糟糕。事实上，当"飘柔"意识到这一问题时，它也悄悄回到"柔顺洗发水"的行列，而这再次证明满足消费者核心需求的重要性。

打造功能性与愉悦性兼备的产品

产品拥有三种特性，包括基本特性、功能特性与愉悦特性。基本特性是一件产品进入市场的准入证，功能特性则是产品与其他对手竞争的制胜关键，而愉悦特性则是帮助功能特性征服消费者的润滑剂。

一个新产品要想获得消费者的喜爱，不仅在功能特性上有优异表现，同时还必须在愉悦特性上让消费者感觉到爱不释手。就像苹果的系列产品，不仅在功能上追求卓越，在外观设计上也追求极致完美。

始终坚持产品定位与特色

在产品开发过程中，往往会陷入"只见树木，不见森林"的尴尬境地。简单来讲，就是开发人员只注重新设计、新功能，却忘了产品代表品牌的价值。

宝马品牌大家应该都知道，但是很多人不知道的是，宝马"驾驶乐趣"的定位已经坚持了38年。此外，在品牌个性上，宝马也同样细致入微，精益求精。就拿宝马的车灯来举例：宝马的前大灯有四个圆形轮廓灯，在夜间行驶时远处一眼就能辨认出它是宝马。更加令人感叹的是，宝马把这个轮廓灯复制到所有车型，即使概念车都不例外，这形成了宝马车的另一个视觉符号。

耐心坚守顺利度过"需求鸿沟"

当一件商品进入市场后，往往会遇到市场需求的"断档"现象。在营销领域将这种现象表述为"需求鸿沟"。"需求鸿沟"的产生主要取决于不同消费者类型的交叉消费程度。

消费者大致可以分为四大类，包括实用型、保守型、怀疑型和先锋型。当一件产品刚刚上市时，销售状况会表现得比较好，但是，经过一段时间之后，商家就会发现这一产品卖不动了。其实，这并不是说这件产品已经卖不动了，而是产品陷入了"需求鸿沟"。简单来讲，即是先锋型消费者踊跃尝试之后，实用型消费者却没有及时赶上，依然处在观望阶段。在这一时期，商家需要拿出足够的耐心，通过进一步的推广宣传活动顺利跨过"需求鸿沟"。

进行有效的产品管理

当一件产品在战略上取得成功之后，商家在执行层面，必须坚持完备的产品管理，才能获得持续的成功。

有些企业会推出很多新产品，但是，正因为缺乏产品管理，越做越糟糕，越做越赔钱。据悉，某一食品品牌，其一年营业额只有10亿元，产品SKU却多达300多种，其中真正赚钱的产品不超过10个，其余产品全部赔钱。其实，对一个品牌的发展而言，SKU的多和少与销量的大和小没有直接的关系。加多宝一年的营业额大约有150亿元，但其产品SKU似乎只有一个。由此可见，进行产品管理时，一定要有一套完整的组织保障，通过有效的管理，确保产品的竞争力以及可持续发展。

3. 智能零售时代的产品特征

随着人工智能、物联网、大数据等新技术的发展，智能零售的概念开始被越来越多的人熟知并认可，一些企业也纷纷开始布局智能零售市场。但是，由于大多数企业并没有真正理解新零售的内在含义，从而导致他们的思维方式还停留在传统零售的4P（产品、价格、渠道、促销）时代，无法真正理解智能零售时代产品的本质，无法满足消费者对产品的新需求。

在智能零售时代，大众化消费模式开始向小众化消费模式转变，在此基础上，产品的特性与4P时代甚至电商时代都存在极大不同。接下来就为大家介绍智能零售时代的产品特征。

特征一：个性化

传统零售的特征是商家生产什么就卖什么，面向所有消费群体；电商零售的特征是生产有特性的产品卖给不同群体。而智能零售的主要消费群体是"80后""90后""00后"，他们都拥有鲜明的性格特征。因此，他们对产品的需求也更加个性化、多样化，他们不喜欢与其他人的产品雷同，而且消费人群也呈现越来越细分的特征。如果说传统零售时期可能是1000万人喜欢一个风格，而电商零售时期可能是每100万人喜欢一个风格，那么智能零售时代或许每1万个人甚至1000

个人就需要一个不同风格的产品。近年，已经有平台推出个性化网络定制产品和服务，且发展良好。由此可见，智能零售时代的产品是数字化的产品，是生产厂家基于新零售终端大数据的反馈，消费者需求什么就生产什么，从而为更加具有个性化的新消费群体服务。

特征二：品质化

毫无疑问，产品品质在任何一个时代都是最重要的，但每个时代关注点却各有不同。比如，传统零售时代倡导关注的质量本身，是最低标准保障，与品质还是有一定的差距。电商时代倡导的是"产品为王"，关注的是产品"极致""快速迭代"，而这就对产品提出了更高的要求，但这一时代更多的还是基于产品的功能体验，而不是品质体验。智能零售时代的产品除了传统零售与电商零售的特征以外，对产品品质提出了更高的要求，不仅重视产品的功能体验，而且更加注重产品的品质体验度与安全性，而且要求产品要场景化，从而让消费者的体验更加完美。

特征三：性价比

智能零售的新一代消费群体，不像以往的消费群体那样追求大品牌的品牌价值。相反，他们对品牌的在意程度，远远低于对产品个性化、多样化的在意程度。就像"网易严选"一样，产品的价格或许并不低，但品质却很高，从而满足新一代群体对于性价比的要求。此外，场景化的布局，也让智能零售消费群体置身其中，既有真实的体验，又有即得的便利性，符合了"所见即所得"的智能零售产品特征。

特征四：IP化

在智能零售时代，产品不再只是产品，更是一种文化的输出，情感的交流，消费者不再满足于产品的"使用价值"，而更多的是满足

"情感体验"。所以，商家应以消费者为中心，通过数据分析、自身定位、营销技术与手段将产品 IP 化，通过 IP 化赋予商品更多的内涵，聚焦在这个 IP 背后的用户中具有共同认知的价值群体，激发或满足 IP 群体内心的情感需求。

特征五：社交化

在电商零售时代，产品社交化的特征已经变得极为重要，只不过电商零售需要购买后再发送到社交媒体上，而智能零售时代更多的是基于线下的体验，因此产品的社交化更加便捷。比如，像三只松鼠投食店一样，大家都喜欢一边逛线下店铺一边和朋友进行分享，从而实现"在娱乐中消费、在消费中娱乐"的快乐体验。

总体来讲，智能零售时代的产品并不像传统零售时代那样只追求数量，更不像电商时代追求极致和简单的迭代，而是需要将传统零售与电商平台的特点结合起来，在同一类别下既要做到极致，又要满足新一代消费群体的个性化需求。

4. 产品再"创造",打造极致消费体验

在传统零售市场,好的产品是销售成功的关键,而在智能零售时代,销售的成功与否则取决于零售商有没有在销售过程中为产品提供极致的消费体验。当消费者不仅追求优质的好产品,更要求良好的消费体验时,零售商需要再"创造"商品,以此来吸引消费者,让消费者有兴趣来感受产品的真正价值。接下来就为大家介绍几个再"创造"商品的具体方法。

方法一:细分用户群体,提供个性化服务

吸引特定用户群体进店消费是商家最大的追求,智能零售的大数据可以对用户进行细分,然后对每个群体采用独特的营销方式,并为其提供个性化服务。在传统零售时代,根据用户喜好为他们推荐各种活动或应用可以说是极其困难的。然而,通过关联算法、情感分析等智能算法,以及数据挖掘技术的帮助,就可以对客户推送精准的营销信息。

很多时候,商家推荐的数据信息往往被视为垃圾,可事实上,只有收到不需要的信息才会被看作垃圾。通过对用户行为的数据分析,商家就可以有针对性地为有需求的消费者推送信息。在商场购物时,消费者在手机上下载优惠券,再去商店用运营商的手机钱包优惠支付。

运营商和商店收集相关消费信息,如经常购买什么,去哪个店消费,消费频次多少,然后给用户精准推送优惠券。

方法二:线上线下融合,全渠道销售

智能零售不是单纯的线上或线下服务,而是线上线下的融合。当前,一些零售商也曾与部分电商平台合作,但模式比较粗糙,主要是外送业务。而智能零售将是零售超市与社区电商平台进行合作,然后长期致力于帮助线下店铺完成线上履约和配送体系的搭建,开始深度合作,提供线上的解决方案。

就线下店铺而言,电商平台首先帮助其完成 App 的设计;提供定制化的订单履约系统,包括拣货和配送的解决方案;然后帮助其汇集 App、小程序、外卖平台等第三方流量;最后是打造会员和营销系统。

方法三:重新设计商场布局,提供更多样化的体验

为了最大限度地吸引年轻消费者,零售商场或超市门店可以增加一些新奇元素。比如,楼梯上的全息投影展现出商场产品的动画,或展示有趣的创意图片,社交软件 App 推出的照片打印,智能终端可以满足爱美的女性用户,甚至可在冰柜扫码购买半成品食物并现场通过智能炒菜机加工。零售业态之一的超市与其他业态的不同之处,除了有更大的面积之外,也可引入更多第三方品牌或者建设零售商的自有品牌。商家可以将一整层店铺分为几个家居生活馆,并对其进行模块化的设计。如此一来,既能增加对消费者的吸引力,也能填补空间和自身所不擅长的品类,还能获得稳定的租金收入。

方法四:搭建提货配送点,给消费者更多便利、便捷

消费者使用零售商的 App,可以通过移动网络下单,在空闲时间到零售店提货,零售店也可以配送到家。零售商可以在多个区域设置存货点，对应不同的区块和流量平台。店内设置多名拣货员在各自负责的区块进行人工拣货，后仓可以存放一些高频购买的商品。来自门店和后仓的商品可能还需要合单，最后配送到消费者手中。超市只是零售诸多业态的一种，很多超市在尝试精品和进口商品，并开通 1 小时周边 3 公里配送。未来各业态会进一步加强配送服务的搭建，以及线上线下会员体系的融合。

智能零售对产品的"再造"，实际上是以技术为核心进行的零售创新。零售商的目的就是满足消费者更全面的需求，把产品附加更多的创意，利用互联网技术、大数据技术、人工智能技术、供应链技术等对传统零售进行改造、升级。

第八章

智能零售时代的体验升级

1. 体验式消费正在崛起

在传统零售时代，商场、超市等零售实体店的作用是把商品卖给专注于购物的消费者，消费者前往实体店的目的就是单纯的购物，并在购物后迅速离开。在智能零售时代，实体店铺将成为一个平台，吸引更多注重消费体验的消费者进店体验而非搜索商品，而这也就意味着体验式消费的崛起。

所谓体验式消费，其实就是一种有别于传统的，以零售为主的业态组合形式。体验式消费在更注重消费者参与和感受的同时，对空间和环境上也更注重它的体验性。现在越来越多的消费者已经不满足于在商场中仅仅是购物，而是呈现出对于休闲、运动、就餐、培训等多方位的需求。

与传统购物消费不同，体验式消费具有活动性强、产品体验性高的特点，消费者在体验过程中感受到了产品效果，自然而然地会产生消费冲动，从而增加消费者与品牌之间的黏性，好的体验模式还能形成良好的消费者口碑，带来连锁销售，可谓一举多得。如今，以下几种体验式消费正在悄然崛起。

服饰领域的体验式消费

"服装＋咖啡店""服装＋书店""服装＋甜品店"等集合点的模

式已经成为服饰消费领域的一种新潮流。目前，跨界融合的消费场景，确实给消费者带来了与众不同的体验式消费。

例如，牛仔品牌JASONWOOD在杭州推出"牛仔厨房"概念店，消费者可以亲自参与牛仔服饰的定制、改款、DIY服务。时尚品牌马克华菲在上海推出5THSpace生活概念馆，一楼男装、二楼女装、三楼咖啡店，注重"第三空间"的咖啡店的消费者同样成为一、二楼服装的消费主力。

家居领域的体验式消费

统计数字显示，2017年在购物中心最为关注的家具生活品牌TOP50中，家居集合店品牌上榜最多。例如，名创优品提供创意家居、潮流饰品、健康美容、文体礼品、办公用品等3000多种产品。消费者可以在简洁装修风格的店内体验自由的购物氛围，感受那种并不急于购买，但极具设计感的高性价比商品，享受一站式购物。包括宜家、无印良品等均以类似的业态处于蓬勃发展当中。一般来讲，这种店铺的店址会选在购物中心内，便于消费者在吃完饭、看完电影后顺便进入门店选购，而不用刻意花时间用于"逛超市"。

餐饮领域的体验式消费

以盒马鲜生为代表的"超市+餐饮"模式一经上市，立刻得到广大消费者的青睐与喜爱。在这种体验式购物场景中，消费者可以直接选购食材，也可以进行烹调并当场享用，而生鲜等商品的可视化直接陈列、选取和烹调触及了消费者对于"新鲜""卫生""品质"等要求的痛点，增强了消费者的体验，激发了顾客的购买欲。

休闲娱乐领域的体验式消费

2017年9月8日，城市传媒与京东签订战略合作框架协议，京东向城市传媒旗下"BCMIX"等复合型文化空间或主题书店赋能京东之家项目,包括提供产品、大数据、推广、会员等支持;城市传媒向京东之家赋能京东之家"文化消费生活空间"运营能力,包括提供文化空间设计、文化活动、展览、图书零售规划等支持。这种融合的"复合型文化生活空间"将根据店铺所在地居民的消费偏好以及高频消费品信息提供产品,并围绕用户偏好设计体验式的空间环境。

当前,越来越多零售商已经发现满足消费者体验式消费这一需求的重要性,并将其作为重要的经营手段。接下来就为零售企业介绍打造体验式消费需要坚持的原则。

原则一:根据产品属性设计体验策略

有些商家会简单地照搬同行或者竞争对手的体验设计,甚至采取跨行山寨体验模式,而不是根据自己的产品属性、消费者使用习惯为自己量身打造体验模式。其实,这种缺乏创意的体验活动,根本无法收到好的体验效果。所以说,商家如果想要收到预期的体验效果,一定要根据自己产品的属性,专门设计独有的体验活动。

原则二:采用个性化策略

在体验经济盛行的市场环境下,不同消费者的需求也会有所不同,而不同层次的消费者需求以及同一消费者不同阶段的需求也是存在差异的,消费需求的多样化与差异化可以说极其突出。事实上,尽管不同消费者有着不同的利益诉求,但体验式消费却有规律可循。所以,在开展体验模式时,商家可以充分利用这一趋势,让消费者表达个性需求,参与产品的设计和服务过程,分享参与设计、服务的体验乐趣,享受消费产品的美好体验。

原则三：主体与个性鲜明

商家通过体验式消费捕捉消费者最关心的问题，即是否有充满个性化的体验主体和体验场景设计。产品与服务本身当然是体验的重点，但如果缺乏场景设计，最终只会让产品失色。因此，为消费者创造难忘的购物体验是体验式消费的重要环节。

原则四：硬件和软件兼具

商家在实施体验式消费模式后，体验场景不仅要包括硬件设施，也要包括体验等软件因素。如购买流程、工作人员素质等。只有硬件与软件同步的体验设置，才能确保消费者在终端店面，甚至是在将商品拿回家体验后，依然能享受到一样的感觉。

近年来，电商平台改变了人们日常购物的方式和购物观点。然而，随着电商流量红利的持续流失，相比冷冰冰的价格、包装、商品参数，越来越多的消费者开始在意消费时的体验、场景等。用手指感受产品的质感，用眼睛观察产品的质地，这些看似细小的体验细节，却恰恰能够成为消费者购物时至关重要的决策因素。

2. 被颠覆的消费体验模式

在新经济不断发展的背景下，中产阶层以及"80后""90后"逐渐成为消费主力群体，新的消费群体更加注重个性、品质和消费体验，而这不仅给传统消费模式带来了极大挑战，同时也让电商模式触碰到了天花板。

曾经，以淘宝为代表的网购模式颠覆了人们的消费习惯和消费体验。如今，智能零售正以多元化的形式，通过物联网、大数据、人工智能等技术，再次颠覆人们的消费体验。在新一轮消费升级中，消费模式的升级将以以下几种模式呈现。

模式一：多渠道无障碍的体验

我们以小米之家为例，小米之家大约有200个SKU，几乎覆盖了人们的所有生活场景，能够让消费者最大限度地体验小米产品的品质。与此同时，小米的实体产品阵列也能强化其在消费者心中的品牌形象，让更多没有参与电商活动的消费者也能建立起品牌认知。在销售产品之外，小米之家最为重要的任务就是从线下往线上引流，向用户展示丰富的小米系列产品。

通过线上渠道与线下渠道的融合，小米之家做到了便捷性和体验性的统一。第一次进入小米之家的用户，就有机会成为小米的粉丝，并产生惊人的复购率。与小米之家类似，优衣库通过打通线上线下，从2016年"双十一"创下"秒破"纪录开始，一直保持稳定、快速的增长速度。2016年"双十一"2分53秒破亿，2017年"双十一"60秒内破亿，2018年"双十一"35秒破亿。在2018年"双十一"期间，优衣库天猫旗舰店投放的货品迅速销售一空，而消费者则可以在优衣库400多家门店24小时快速提货。

模式二：新兴仓储的便利体验

在新消费经济环境下，消费者不会为了省钱而自寻烦恼，他们愿意为更便捷的服务付出更多花费。提升供应链效率，把消费场景做到消费者身边，已经成为零售商家的共同选择。各种场景在社区和街道、写字楼间多点开花，无人货架、无人超市、京东便利店、盒马鲜生等大小场景纷纷涌现。

一般来讲，无人货架和盒马鲜生等都属于前置仓的范畴，而便利店则可被视为"社区仓"，凭借自身聚客能力将覆盖半径内的订单集约到店，通过B2B的物流模式降低成本。在新兴仓储模式下，消费者可以以最小的机动成本到店消费，完成订单。

模式三：多元化产品组合的场景体验

当前，无印良品线下店与咖啡厅、艺术文化、时尚美容等开始了全新的跨界融合，以此打造一种新型体验的社交场所。据悉，为了配合书店和商品陈列，上海无印良品淮海755旗舰店推出了一系列与设计有关的活动，如设计师做讲座、讨论会、读书会等，配合无印良品自身的品牌调性，更加吸引有个性表达诉求的目标消费者。

智慧消费经济新模式

与之相似，主打潮流的YOHO!以时尚为主题打造的"YOHO! STORE"，实现了在单一空间内汇聚与其相关的所有场景和共同价值。在YOHO! STORE，有很大一块面积被划出给品牌，主要用于其提供服务和活动的空间。一方面，品牌会在这块空间内提供类似球鞋清洗、潮流课堂、理发造型等潮流服务；另一方面，也会有艺术展、品牌展和livehouse等活动在此空间内不定期举办。

模式四：社群电商消费体验

社群具备"自迭代"的能力，以"信任螺旋"的方式累积稀缺的社会资本。个体在连接中创造互动，社群中的互动增进信任，信任的增长促进交易的增长，交易反过来又是互动的一种表现形式，由此"信任螺旋"上升。

新零售的数据手段可以完整地记录、沉淀社群运营过程中所累积的资源，进而创造、创新出服务于社群零售的新产品、新服务。拼多多、大V店等社群零售平台的成长速度很快，社群数量、交易额增长率、复购率等指标让电商同行感到惊讶，这是"信任螺旋"发挥的作用。

模式五：会员管理的精准推送体验

传统会员管理模式，一般会记录消费金额、消费频率、姓名、手机号、消费偏好等数据，通过这些浅显的数据很难勾勒出精准的用户画像，并且，其大多无法联通线上线下。而全渠道的数字化会员管理则可以通过更多维度的数据对消费者进行刻画。消费者的线上线下记录和各种非结构化数据将其性格特点、个人喜好、价值观等全盘显示，而这些感性维度的标签对消费者最终的购买决策有着重要的影响。在此基础上进行的精准推动不仅不会让消费者厌烦,还能获得较高的转化率,在营销上带来体验的提升。

目前,无人便利店会通过记录用户的购买行为来对用户进行贴标签,以特价或赠送的方式精准推送临期商品,达成供应链流通的优化,实现了"不对供应商退货"的承诺。

3. 当消费体验升级遇到"黑科技"

在"智能消费"时代，商业趋势已经向服务体验型消费转型，消费对于购物环境的实时性、场景化、智能性、灵活性、体验性等方面都有了全新的需求。在这一背景下，传统购物模式已经显得索然无味，新的智能科技不仅能帮助零售商增强与消费者的互动体验，更能将体验式消费的优势逐步扩大。可以说，在智能零售时代能够撬起新消费模式的支点的，必将是更智能、更智慧的"黑科技"。

可以刷脸的支付（以及虹膜识别、声纹识别、指纹＋静脉识别等无手机支付）

苹果的 iPhone X 推出了人脸识别功能，手机解锁和支付都可以通过"刷脸"解决。在苹果公司自带的光环下，刷脸这一"黑科技"受到了广泛关注。事实上，在国内"刷脸"已不是新鲜事，火车站可以刷脸进站、宾馆可以刷脸入住、部分提款机可以实现刷脸取款……在 iPhone X 的刷脸解锁之前，支付宝、京东、苏宁等互联网巨头以及大型商业银行都已经在布局刷脸支付。

2017 年"双十一"前夕，京东金融人工智能技术解决方案"京东超脑"品牌正式上线，可实现刷脸支付。据悉，京东超脑人脸识别技术基于深度学习平台支撑的应用算法，可以对给定的一张人物照片，结合人脸轮廓、眼、口、鼻、眉毛等关键点，提取、识别人脸特征，实现人脸检测、检索、比对、聚类、美颜等人工智能应用。

值得一提的是，通过多项人脸识别技术的应用，京东超脑的模型能够防止照片、仿生脸、视频等攻击行为，并对复杂背景的攻击和真人进行有效识别，准确通过率均高于行业平均水准。目前，京东超脑人脸识别技术已经应用于多个场景，比如京东大厦内打卡、贩卖机购物、食堂、便利店支付等。此外，京东无人车已经使用了京东超脑的人脸识别系统，可刷脸取件。

陪你购物的智能管家

很多人经常会抱怨没有时间逛街购物，如今，智慧机器人的出现恰好可以帮你解决这一难题。

目前，名为"旺宝"的智慧机器人已经正式登陆包括苏宁无人店、常规门店、主题购物展厅等在内的苏宁线下店，与消费者见面。"旺宝"不仅能够为消费者提供品类区域或具体品牌专柜的位置导航服务，还能够为顾客介绍专业的产品知识、播放促销广告。

顾客可以在来店之前，预约一个机器人远程逛店，了解商品是否有货及其他现场情况，再规划到店后的购物计划，此举可以帮顾客节约不少时间。到店后，机器人将与导购员一起为顾客提供一站式购物专属顾问服务，还可以针对全屋家电等复杂类购物需求开展定制并展示解决方案；还可以帮助顾客陪伴同行儿童，让家长购物更加省心尽兴。

解决假货的区块链

拥有高效、透明特征的区块链技术，可以帮助消费者解决购物中遇到假货的问题。不同于容易通过专业仪器辨别真伪的珠宝和做工复杂的机械手表，不论是一双限量版的球鞋还是一个纯手工打造的皮包，这些产品的价值更多的在于设计师带给它的品牌价值。然而，一旦它进入了市场，不论是当年用的哪款五金件、鞋底的钢印、Logo暗纹的变化，都让这些收藏级的奢侈品鉴定变得异常艰难，专柜为了不担责任，通常也不愿意对不知出处的产品做鉴定。

Chronicled是一家诞生于硅谷的球鞋鉴定公司，一方面，他召集了球鞋界的大咖，为球星的球鞋做鉴定，另一方面，他们为鉴定过的鞋子开发了电子标签，在标签中写入了基于区块链记录的密码，并将交易信息公开，在Chronicled上搭建认证身份和历史记录。在上海时装周上，中国的一些独立设计师也与BisSE、VeChain等区块链技术公司合作，采用与Chronicled类似的记录方式和公共密钥，为用户提供查验真伪的方法。

真假难辨的VR技术

淘宝推出VR购物频道buy+，eBay推出了虚拟现实百货商店，京东也宣布要加入VR/AR的战场……电商向VR要消费新动力，实体商家也不甘示弱。知名的免税店运营商"日上免税行"也开始试水VR购物和实景商城。

在上海国际旅游度假区的VR智能科技体验馆内，不仅有基于VR技术的游戏应用场景展现，还有让体验者如身临其境的购物场景。在这里，只要戴上VR头盔和控制手柄，一个和浦东国际机场出境免税店几乎一模一样的购物场景就会呈现在你面前，护肤品、食品、酒类等上万种商品一目了然，用左手控制走路的步伐和方向，右手在几乎是"一比一"复刻的专柜前直接拿取心仪的产品，放大后还能查看产品内容和介绍、品牌故事、价格、库存等一系列信息，如果对产品满意，就能一键放入购物车。

懂得"读心术"货架

通过后台数据分析消费者的习惯与偏好，在此基础上推送"你想购买""你需要了解"的商品信息，这样的方式已经成为不少电商或者新闻客户端的成功秘诀。在传统消费模式下，技术无限实时地记录消费者的消费行为。但是，如果有一个会"读心术"的货架，依靠经验判断和大数据分析，就能为消费者提供所需、所想的商品，其购物体验一定很奇妙。

目前，与多个国际知名美妆集团合作的利妍（LF Beauty）最新研发的数字化展示台，就能通过陈列架上的摄像头、感应式货架以及后台电脑，估算消费者的年龄和性别，收集消费者在柜台或品牌前停留的时间、接触样品的种类和时长，以此分析有可能购买产品的人数，甚至通过面部识别系统分析消费者的情绪，以判断其是否有消费的可能。

4. 体验为王，打造极致体验的六大步骤

在国内消费者和消费品公司投向电商怀抱的十几年之后，智能零售时代正悄然而至。消费者期盼着线上线下融合的全渠道购物体验。他们想要在日常生活的各个场景中能随时随地地选择商品，他们想要个性化的消费体验。

在"体验为王"的智能零售时代，基于新消费理念的实体店铺犹如雨后春笋一般，出现在各大购物中心、生活社区。对于线下实体店铺来说，想要聚拢消费者，提升引流能力，打造极致的消费体验，需要掌握以下六大步骤。

步骤一：统一视觉形象系统

门店的视觉形象影响顾客的第一感官，统一的形象体系也是门店视觉识别的一部分。一个形象鲜明的门店，需要有一套符合目标受众的视觉识别体系，一个鲜活的门店要懂得怎么用色彩与陈列说话，让顾客喜欢上这种气氛。为此，商家要思考除了产品之外，还要如何通过视觉、触觉等感知向顾客表达自己的理念。

步骤二：做好产品体验及陈列

顾客进店消费时，店内必须满足其最基本的产品购买需求，这就涉及门店的产品定位、产品的陈列、产品的现场体验等方面，而这些

往往决定了用户是否会产生购买，是否会经常来消费。

产品定位一定要精准，要让顾客明白这家店卖的是什么，把产品内容清晰地传达给顾客，不要让顾客感到迷茫。从定位的角度来说，每一个品牌都想要赢得消费者的喜爱与青睐，线下店面也一样，在某一行业类别上能够做到精致，远比杂乱无章要好很多，先锁定某一行业品类，保证这一品类产品的竞争优势。产品的陈列影响到整个门店的体验及交易，需要考虑用户从进店到出店的整个行动路径。

值得一提的是，产品陈列的创意点也是门店体验的亮点，很多有创意的陈列形式都能带来大量的吸睛报道及口碑宣传。产品体验就是为用户提供身临其境的多种体验，可以是场景的再现，可以是现场的接触使用，可以是活动的互动，让用户切实感受到产品的文化理念及价值。

步骤三：掌握用户数据发展用户媒介

实体门店究竟是应该围绕顾客找产品还是围绕产品找顾客？这是基于自有产品及用户需求的一个矛盾。随着供需结构的改变，传统的以产品为主导，生产什么就卖什么的方式已逐渐转变为以顾客为核心的方式，顾客在零售交易中的地位越来越高。

每家实体店铺消费群体的需求往往决定着其运营的走向。为此，实体门店应该有一套自己的用户数据系统，不断支撑门店业务及产品的发展方向，同时利用其他相关的服务数据作为辅助，如搜百度指数、行业数据报告等，找到自己的核心用户群，满足他们的需求，增强他们的参与感，满足他们的荣誉感。

互联网时代每个人都可以成为自媒体人，让核心用户群参与到门店运营产品的过程体验中来，他们也就成了产品的推销员与宣传媒介，通过对产品的使用心得、建议进行分享来帮助传播，从而逐渐形成一套从用户需求到用产品满足用户需求的体系。

步骤四：打造自带传播属性的能力

互联网环境下的信息渠道碎片化及用户关注点的不断转移，关注度不断下降，导致企业在用户获取成本上的数字不断攀升。所以，从传播的角度讲，任何传播想要获取用户或获得广泛认知是需要一个传播的话题引爆点来引起用户的兴趣的，这个传播的点可以是多方面的，可以是前面的视觉形象，也可以是声音，还可以是产品或服务，也可以是网红或者大 V。

步骤五：打造富有新鲜感的环境

实体门店是消费者日常生活的一部分，但是若要吸引顾客更多的关注，还需要为其带来更多新鲜感，给顾客一些小惊喜、小刺激，避免用户出现场景疲劳。可以搞一些小活动活跃气氛，也可以增设新产品改善单调，还可以适当地变换布局增加新鲜感，还可以脑洞大开地搞一些有趣的活动，把现场搞热闹才能有人气吸引用户，只要有一些针对用户黏性的吸引力，就会起到不错的作用，总之就是让用户将逛店当成一种乐趣、一种日常生活的方式。

步骤六：打造稳固的用户关系形成竞争优势

市场竞争除了产品之外更多的就是服务间的竞争，当产品同质化的时候，服务能力的强弱往往也决定了门店的核心竞争力。实体店铺需要通过提供附加服务的方式搭建和强化与顾客的沟通关系，建立除了购买产品之外的多渠道关系沟通模式，从而增加用户的好感，增强用户的体验。

与用户建立交易之外更深层的情感联系，自然会获得用户更多的交易机会，像普通的周边服务（可免费配送）、力所能及的日常服务（代收快递）都可以与用户建立良好的关系。

第九章

智能零售时代的供应链重塑

1. 智能零售时代的供应链挑战与变革

当前，消费方式与消费观念的改变，新技术、新应用的普及，都在加剧零售业运营模式的变革。实体店铺正由原来的单纯购物场所向社交、体验、购物、服务甚至最后 100 米物流等多重角色演变；零售商也由原来单纯的商品售卖者，变成以商品为核心的数字化、信息化供应链系统的组织者与主导者。

在智能零售带来的改变之下，无论企业规模大小、经营水平高低，都必须积极进行自我革新，通过一系列有效措施确保不被时代淘汰。而这个变革的过程即是整个零售业向智能零售新供应链系统迈进的过程。

在智能零售业态的探索与设计中，企业通过对新技术的应用，努力打通线上线下资源连接，实现供应链流程创新和数据化管理，实现供应链全面升级、降低成本、提升效率，打造更智能、更智慧的供应链运营模式。而在这一过程中，供应链系统也将面临新的挑战。

挑战一：需求与供应协同

随着外部市场多变和业内竞争加剧，企业需要对市场做出更加准确的预测，并根据市场条件不断调整供应技术的挑战。加强对市场的细分和对客户的洞察，从而提高需求预测的准确性，与供应技术能力有效协同，有利于企业平衡成本和服务水平，提高对市场的快速响应。

挑战二：物流和客户服务

物流配送的速度和质量体现了企业重要的竞争力，随着市场竞争的加剧，如何在合理的物流成本之下及时、准确地将商品送达客户，给企业的仓储物流管理提出了新的挑战。

挑战三：供应链信息化建设

国内企业供应链信息化建设初步跨过初期的EPR建设，正在向更智慧、更智能的方向升级，封闭性的信息系统越来越难以支撑高速增长的互联互通业务发展。企业必须通过信息化技术建立供应链绩效的可视化，提高企业风险管理水平。

挑战四：精益生产与运营

原材料和人工成本的持续增长给企业的制造成本带来巨大挑战，这种挑战也促使许多企业开始着手实施精益生产方案，利用更优化的流程，提高生产效率和产品质量，减少制造误差，降低售后保修期内的设备维护成本和售后服务成本。

在传统零售业态下，供应链的问题主要体现在采购、生产、物流等职能的不足上，而由此也造成了消费者、销售渠道协同视角上的供应链服务不足，从而导致孤岛现象等一系列问题的出现。在智能零售时代，供应链不再仅仅是人、流程、硬件设施等要素的简单叠加与堆砌，而要实现供应链数字化与技术化的变革，让供应链变得更加智能化。智能零售供应链的变革具体体现如下。

供应链结构的网状化

智能零售供应链后台是从原材料供应商、品牌制造商、分销商到零售终端，是端到端的完整供应链。智能零售不仅仅是终端销售场景的改变，而是以终端销售为中心，向产业链上下游及其他利益相关行业扩张，从而形成完整的、有机的商业生态闭环。

在智能零售的市场环境之下，供应链管理并不会发生本质性的改变，其依然是集成和协同链条上的各个环节，如供应商、各个销售渠道、仓库、门店，使消费者需要的商品以准确的数量快速送到消费者手中，从而在提升服务水平的同时，将系统成本控制在最小化。为此，智能零售时代必须形成一个网状的供应链结构，因为网状的反应速度最快、弹性最大，这个网状结构上的每一个网络节点都可以单独或联合供给，从而让智能零售下的供应链格局更高效，实现利润最大化。

供应链系统的可视化

供应链可视化，将能让所有业务职能包括销售、市场、财务、研发、采购和物流等，进行有机的集成和协同。通过供应链可视化，可以对消费者需求、门店或网上库存、销售趋势、物流信息、原产地信息等进行可视化展示，供应链的敏捷和迅速反应将以此为基础。智能零售时代下的供应链可视化未来将持续向消费者、SKU 和店员延伸，并由传统网络向云计算系统转进。通过可视化集成平台，战略计划与业务紧密连接，需求与供应的平衡，订单履行策略的实施，库存与服务水平的调整等具体策略将得到高效执行。

当前，盒马鲜生在其运营中对商品广泛使用了电子标签，将线上线下数据同步，如 SKU 同步、价格同步、促销同步、库存同步；实现线上下单，线下有货，后台统一促销，这一切都为供应链可视化的构建打下了基础。

供应链管理的智慧化

零售企业的运营指挥控制系统是企业的"大脑"和"中枢"，在智能零售时代，企业应该建立起由不同业务应用模块所组成的运营指挥系统。这些应用模块各自管理一个领域的功能，显示实时的运营动态，如售罄率、缺货率、退货率、订单满足率、库存周转率、目标完成比率等，同时又相互连接和协同，根据以上所建立起的数学模型最终整合形成通用运营决策建议，如智能选品、智能定价、自动预测、自动促销、自动补货和下单等。

在智能零售时代，供应链管理的智慧化可以做到使各种决策自动化的 SKU 超过 90% 以上。在此基础之上，供应链管理人员需要做的只是收集信息、判断需求、和客户沟通、协同各种资源、寻找创新机会等。

供应链技术的数字化

随着移动互联网、智能手机、移动支付等快速发展，零售业转型升级也有了强而有力的基础支撑。从以消费者体验为切入点的技术开发和应用，到业务中后台的核心流程数字化和技术含量提升，物联网、数据分析、地图搜索、人脸识别等技术通过供应链全流程改造着传统零售业，零售的深度和广度得以不断拓展延伸。特别是移动支付技术，积累了大量用户数据，成为打造智慧零售的一项重要基础技术。

在智能零售时代，商品数字化、顾客数字化、服务数字化、营销数字化、供应链数字化、经营管理数字化全方位推动着传统零售业运行效率的提升，商业模式发生深刻变革，将新技术与零售业深度融合，才能形成零售业发展新动能。

2. 零售转型的供应链优化

在互联网、物联网技术以及电商平台的冲击下，传统零售领域的供应商和零售商正面临巨大的转型与升级压力。当前，随着供应商传统渠道网络优势、区域终端管控能力的弱化，物流成本的大幅提升，终端零售，包括商超、便利店等都面临着供应链条散乱和无序化的商业竞争。在这一背景下，传统零售向智能零售转型已经势在必行，而其中对供应链的优化更是成为转型成功与否的关键。那么，零售企业供应链应该如何优化呢？

加强渠道信息化平台建设

零售企业多渠道运作方式的优化，可以通过引导规划的方式，打造销售商之间的信息共享平台，通过共享平台及时分享各渠道内部的产品运营、政策红利及消费需求等信息，保证产品可准时到达消费者手中。因此，零售企业应加大信息技术平台的研发速度，并积极引入物联网、大数据、全球定位系统等现代信息技术，将这些领先技术同各个渠道商圈进行融合。在这一基础上，积极优化创新零售企业的营销能力，吸引潜在的用户，促进商品消费。

提高市场需求预测能力

在国内零售商场，宝洁的供应链管理是做得较好的，让宝洁供应链如此出色的原因就在于其对需求的精准预测能力。众所周知，国内大部分传统零售企业尤其是快消品行业的库存是很难做到安全线以下的，大多数都是库存积压严重，产品从工厂经过仓储物流，再送到消费者手中，如果没有强大的市场需求预测能力，则很容易出现产能过剩或者产能不足，这些都不利于供应链的发展。

事实上，当企业的市场需求预测达到八成以上的精准性时，企业的运营成本将大幅下降。以服装行业为例，如果对市场需求预测不足，那么，为了保障最大化的销售可能，就需要储备大量的款式和数量。进货后，如果没有办法保证全部卖出去，滞销就是成本代价。或者产品不好卖，预计3个月卖出去的，最后卖了半年才卖出去，还是通过亏本甩卖实现的，这样成本代价就会加大，而这正是目前传统零售企业供应链较常见的情形。

提高供应链的协同性

在我国零售业中，中小企业占据了很大一部分市场份额，这一情况导致了供应链管理混乱的现状，其中一些小商家只关心他们的送货成本是不是足够低，厂家只关心原料供应商成本是不是足够低，大部分企业都是站在整个供应链环节的某个点位上去考虑自身的利益，没有多少人真正关心他们供应链的上下环节。这就导致零售企业处在缺货和库存积压的两难处境。

从长远发展来看，供应链考验的是整个链条上的规则协调度，无论上游的供货商还是下游的渠道商、消费者，如果各自分散为商，对供应链的效率制约作用就会较大。要解决这一难题有赖于供应链的协同优化，包括分销体系、物流和生产制造。供应链协同的基础是数据全流程的贯通，而互联网天然就是低成本的数据流动平台，基于数据全流程分享的供应链协同几乎唾手可得。试想一下，如果商业逻辑正确，零售商、品牌商完全可以做得更好。

以用户需求与用户体验为先

在智能零售时代，谁能在满足用户需求与用户体验上比其他企业更有竞争力，谁就能在市场竞争中占得先机。依托网络技术、大数据进行预测分析，可以对消费者需求、消费者习惯进行归纳，针对消费者的相应消费表现对供应链进行动态调控，实现碎片化、波动型供应链调整，完善物流和库存的风险控制措施和应急预案机制，有效提升购物高峰期的供应链运营效率，为消费者带来更多的购物选择。

此外，商家还应该加大物流的弹性仓储能力，在仓库内操作环节实现针对消费者的个性化包装，有效满足消费者需求，全面提升消费者的体验，从而拉动零售企业销售增长。

加强供应链各环节的监督

零售企业要实现高效运作，必须加大对供应链各个环节的监督力度。零售企业应扩大其覆盖面，将线上与线下渠道进行统一监督管理，打破线上线下经营不协调的局面。企业应形成完整的监督机制，设立相关监督机构，明确权利与义务，不仅要审核相关数据材料，还要深入企业内部进行实地考察，彻底消除监督盲区，做到对各环节的实时监督，以全方位监督手段促进供应链各环节无缝对接，提升零售企业的运营效率。

在整个零售业态转型升级的进程中，供应链的优化起着至关重要的作用。传统零售单纯依靠改变包装、显性营销等方式，但这显然并非长久之计，智能零售的供应链系统必须实现从内到外一系列信息化和专业化的优化升级。

3. 智能零售带来的物流升级

马云曾经说过，电子商务在未来终将消失，线上与线下融为一体的零售，在智能技术的赋能下会以智能零售的形态呈现。随着智能零售时代的到来，零售网络将被互联网再造，我们再也看不到一级又一级的分销商，取而代之的是点到点的信息连接，以及线下实体商品的流动，而回归线上线下相结合的零售模式的关键，就在于物流的转型与升级。

在智能零售时代，海量的消费者与消费订单之间通过信息技术、数字技术高效、快速地进行匹配，从而形成一个网络互联、人与人互联以及在这两个网之间的物流互联网络。在传统零售时代，物流或者末端消费者，总体上讲都属于信息的孤岛，相互之间没有联系，没有沟通。智能零售时代的最大特点就是高效、快速的物流供应链系统。

当前，围绕智能零售业务模式，线上企业、线下传统零售企业以及跨界企业都在积极构建全新的端到端物流模式，以期提高配送效率。然而，新供应链物流的建设并不是一蹴而就的，从计划、网络、仓储到配送等仍然面临诸多挑战。

挑战一：移动的信息技术的挑战

当前物流系统向智能零售物流系统转变的关键就是发展末端高敏感的神经系统，简单来讲就是人工智能。在整个系统的每一个区域，几个

智慧消费经济新模式

信息载体，同时又是信息的感知体，感知体通知中枢神经进行控制。

目前的物流系统，就好比我们的末端神经系统，其神经末梢很多时候没有办法感知到外界的刺激，这说明我们的信息化，特别是移动信息化水平远远没有达到一定高度。而在智能零售物流系统中，需要把每一个末端神经系统联系起来，而这对当前技术来说是相当大的挑战。

挑战二：物流系统的重构

当前，零售系统还处于人去找货的状态，比如说，城市里的人买东西都是人找货，现在要改变的是要实现货找人。货找人不仅是在仓库里面的货找人，更是在全球范围的货找人。因为之后的仓库并不应该有四面墙的概念，整个地球就是一个大仓库。货物在门店里面，门店是仓库里面的一个环节，不管货物在美洲、欧洲还是在中国，我们要看的是消费者在哪里，如何用最短的距离把这两端联系起来。这就是智能零售物流系统需要的，也可以说这是对物流技术重构提出的重大挑战。

挑战三：硬件设备的建设

我们大脑的末端神经系统建立好了之后，在进行反应的时候，要能够做到手脚便利。但是，当前我们的物流设备与技术，还处在比较粗糙、简单的阶段，真正的智能化物流工具应用还比较有限，而这就是对智能零售的第三大挑战。

那么，面对这些挑战，我们应该如何升级物流系统呢？

首先，以消费者为中心重构物流新格局

企业要从以消费者为驱动的角度出发，通过提供更令人信任的商品、更佳的购物体验、更优性价比以及更快速的配送服务等多方面打造以消费者为中心的物流新格局。例如，零售商可通过掌握客户消费行为特征，展开个性化、定制化物流服务，甚至展开科学预测，提前备货；通过构建逆向物流和售后服务提升客户体验和满意度；通过智慧物流、资源共享和效率提升来实现物流成本的下降，以及通过店仓一体化、智能柜、微仓、众包快递等方式，解决新零售模式下的"最后一公里"难题。

前置仓模式是重构物流系统的成功典型。前置仓是指在企业内部仓储物流系统内，离门店最近，最前置的仓储物流。还有一种前置仓干脆以门店作为中小型的仓储配送中心，总仓只需要对门店供货，就能满足覆盖"最后一公里"的目标。前置仓出现的主要原因是新零售时代要求有更高效的现代供应链组织方式及物流配送模式。供应链作为新零售的生命线，是实现对商品货源控制的关键。而企业要想在新零售战场中脱颖而出，实现对供应链每一个环节的精准把握，建立起极快流转的物流配送体系，就必须优化供应链资源。尤其是"最后一公里"的末端配送，使企业与企业之间关于物流速度的竞争达到了白热化的阶段，最终，前置仓概念的推出才让人眼前一亮。

前置仓模式可以使得商铺的配送更加及时，消费者下单后，都是从离消费者最近的仓库发货，可能是某栋办公楼，可能是某个服务站，也可能是直接把零售门店赋予仓库功能，用户下单后，能够尽可能在最短时间内送货上门。此外，前置仓模式能够以更快的订单响应速度推动仓储流动效率，使仓库活性运转，提升仓库面积使用率；能使产品更新迅速，从而提升用户体验，降低配送中的损耗。"分段运输，主干优先，分级集结，降维扩散"是所有商品种类在城际物流、同城快运、终端配送过程中实现总体成本最小化的发展趋势，只有这样才能最大限度地保证运输效率，降低成本，而前置仓模式正是将物流配送往这个方向引导。

盒马鲜生成功实施的"仓店一体化"新零售运营模式，就是"仓即店，店即仓"的模式，正全面颠覆传统电商。盒马鲜生选用"高大上"的近地门店做仓库，店仓一体化：门店货架即为线上虚拟货架，让顾客对购物环境、商品品类和品质、服务质量有更真切的感受，增强客户的信任感，线下门店所带来的极佳消费体验也能将用户引导至线上平台，保证了较高的用户留存率；同时也建立了线上生鲜商品最近的冷藏配送基地，让每个线下门店都变成一个小仓库，成为线上消费的前置仓，实现商品从门店极速配送，做到"从-18℃到60℃的全温层配送，让冻品到手不会化，外卖到家还冒着热气"。

其次，以数字化驱动供应链物流跨越升级

数字化转型，是人类史上最伟大的一次社会转型。数字化一切和数字化转型，是大势所趋。所有行业，要么数字化，要么被淘汰。物流从业者也在被这个时代裹挟向前，各种关于物流智慧化的方案、技术、装备在不断地冲击着物流从业者的心灵，也在不断刷新着他们对物流、对供应链的认知。

以数字化为驱动，构建以数据为内核的数字化供应链网络，可以提高供应链的透明度和服务水平，最终达到更加贴近终端、直面消费者、去库存、提高物流响应速度，以及实现企业差异化竞争优势和提升企业整体价值等目的。

最后，以技术提升物流配送效率

借助技术升级，建立更高效的新物流体系，通过算法、智能供应链和人工智能等技术，充分融合和重构线上和线下的人货场。线上购物完成后，通过各前置仓、商场门店、便利店发出商品，在30~120分钟之内送抵消费者手中，从而形成一个3公里范围内的理想生活圈。

4. 智慧供应链，不仅仅是供应链

随着智能零售时代的到来，智慧供应链的概念也应运而生，总体来讲，智慧供应链不仅仅是供应链，它是通过大数据、物联网、数字技术以及信息系统等新技术，将用户综合感知、智慧指挥协同、用户精准服务、职能全维系统等要素集于一身，从而使各个系统在信息主导下协调一致的体系。智慧供应链最大限度地凝聚服务能量，同时有效释放服务能力，从而让服务变得更精准，让整个系统变得更透明、敏捷，让各个职能单位更加协同。

传统供应链是在生产流通过程中，围绕"将产品或服务送达最终用户"这一过程的上下游企业形成的网状结构，智慧供应链与之相比具有以下几点不同。

端到端的数据采集

从产品研发到消费者，智慧供应链的流通链条在逐渐缩短，数据流动成本也在持续下降。在传统供应体系中各环节相互割裂的重复数据处理，在智慧供应链中被转化为环环相扣的网状数据流，以及可追溯的透明数据，将原本冗长割裂的供应链整合在一起，提高供应链柔性，使之更贴近消费者，为消费者提供更好的消费体验。

智慧供应链数据的采集具有端到端的特点，其数据采集是由内部

智慧消费经济新模式

向外部不断延伸的,从运营数据到消费者行为数据再到市场及舆情数据,实现全面的供应链端到端的数据可视化。

人工智能技术的应用

智能零售业态下,将出现大量零售运营数据,其中包括商品、销售、订单、库存在不同应用场景中产生的海量数据,根据不同业务场景和业务目标,如商品品类管理、销售预测、动态定价、促销安排、自动补货、安全库存设定、仓店和店店之间的调拨、供应计划排程、物流计划制订等,再匹配上合适的算法,即可对这些应用场景进行数字建模,简单来说其过程就是"获取数据—分析数据—建立模型—预测未来—支持决策"。

人工智能是一项预测科技,而预测的目的不是为预测而预测,而是用来指导人类的各项行为决策,以免人在决策时因为未知和不确定而焦虑。就人工智能在智能零售业态中的供应链应用而言,其有两大类核心模型,一是预测模型,二是决策模型。

预测模型主要是通过回归、分类、时间序列等算法在大量历史数据的基础上建立统计模型对未来的销售进行预测,而决策模型则通过启发算法、整数规划、解析求解等算法建立运筹模型来对以上具体业务场景应用进行决策。

敏捷化、弹性化的服务

在智能零售系统中,智慧供应链不单单具有内部支持职能,其还具备全方位的服务支撑职能。智慧供应链将站在消费者的角度进行系统设计,更注重供应链的柔性和精准性,而不仅仅追求规模经济。端到端的数据采集和端到端的运作方式可以快速响应消费者不断变化的挑剔需求。

此外，弹性则指让供应链随需而动，批量可大可小，根据需求自由切换。在新消费经济下，品牌越来越多，供应链需适应电商和线下销售两套不同的节奏。智慧供应链效率提升手段包括简化样板审批流程、减少最低订货要求、开放生产地选择，以及未雨绸缪地进行策略性的原料采购和预订。

在零售业态升级转型的背景下，各大零售企业都开始跃跃欲试，纷纷投身智慧供应链的建设，而要更好地实现智慧供应链的构建，零售企业必须转变经营思路。

转变一：从"成本控制导向"向"投入产出导向"的转变

在电商平台、微商的冲击下，传统供应链管理暴露出的最大问题往往是库存，因此企业应该用新的视角审视其投资和运营成本。传统模式下的成本导向思路是计算"花一块钱，可以赚回多少钱"。在智能零售时代不应该把成本作为核心考量，而更多的是一种投入产出的视角，要看投资是否可以提升供应链效率，防止缺货，减少库存，最终实现收益的提高。

转变二：全知全能心态的转变

供应链管理要求企业必须思考自身的核心竞争力，把薄弱的、非核心的环节通过外包或与生态伙伴合作的方式解决。但是，完全开放和市场化，中间也会产生沟通和对接成本。所以，要抛弃过往什么都要自己做的全知全能心态，核心就是搞清楚你在产业链里面的位置，用数据来连接上下游的伙伴，形成新的商业关系。与此同时，企业也要注意防范风险，与上下游合作伙伴形成良好的利益分配格局，健全监督机制，规范产品或服务的标准。

第十章

智能零售时代的领军企业

1. 新零售开创者——阿里巴巴多领域齐头并进打造泛零售业态

2016年10月，在杭州云栖大会上，马云首次提出"新零售"的概念，他表示："纯电商时代将要过去，未来没有电子商务，只有线上线下和物流结合的新零售。"事实上，早在新零售被提出之前，阿里巴巴已经通过入股银泰开始了在零售领域的布局。在新零售概念提出之后，阿里更是加快脚步，全面进军零售市场，典型事件包括入股线下零售企业三江购物、联华超市、新华都，发展新兴业务如盒马鲜生、淘咖啡无人便利店等。

"新零售元年"阿里巴巴在零售领域的布局一方面体现在内部齐头并进，进行多项零售项目的尝试，另一方面在外部通过入股或战略合作等方式牵手线下零售巨头，进行零售资源储备。经过一系列系统的布局之后，当前阿里巴巴在超市、百货、便利店和专业连锁四个零售细分业态已经取得一定成果。

阿里巴巴新零售超市样板：盒马鲜生

马云提出新零售之时，这一概念还是非常抽象的存在。直至2017年3月，阿里巴巴研究院才对新零售做出定义：以消费者体验为中心的数据驱动的泛零售形态。盒马鲜生的横空出世则为这一概念提供了形象的现实案例。通过盒马鲜生，我们看到新零售如何以消费者体验为中心，如何通过数据驱动提升运营效率，如何将餐饮等泛零售业态与零售相结合。此外，盒马鲜生的成功，也证明了新零售的创新，确实能为商家及零售商带来切实的盈利。

当前，盒马鲜生的目标是实现线上线下多渠道覆盖，满足消费者不同场景需求。据盒马鲜生创始人侯毅表示，未来盒马鲜生将进一步打通线上、线下、物流的构想，借助阿里巴巴集团的资源，满足消费者不同场景下的需求，通过仓配一体化的物流做到及时响应。2017年9月阿里巴巴集团以53亿元增资菜鸟，持股比例从47%增至51%，展现出加码物流配送方面发展的决心，新零售布局对同城即时配送能力的极大要求正是本次增资的一个重要原因。

此外，在盒马鲜生超市这一业态模式成功之后，阿里巴巴开始积极进行便利店、无人店、餐饮店等多业态尝试。从盒马鲜生整体愿景角度，通过便利店、无人店等打入更接近消费者的场景，搭建更细密的商业网络，无论是从用户培养还是数据收集来看，对盒马鲜生来说都是一个很好的补充，同时盒马鲜生门店可以作为配送中心为覆盖范围内的无人店、便利店进行补货，发挥自身优势。从阿里巴巴的战略角度来看，盒马鲜生无疑是其新零售的先锋代表，而在盒马鲜生取得初步阶段的成功之后，阿里巴巴将尝试零售范畴内的更多业态，为下一步布局提供决策参考。

阿里巴巴新零售百货试验田：银泰商业

阿里巴巴和银泰的合作由来已久，从2014年3月战略入股，到2015年7月完成控股，阿里巴巴对银泰的控制权持续提升，合作的范围也越来越广。但由于上市公司的身份使得其在很多方面进行新的尝

智慧消费经济新模式

试还是会受到一些制约。因此，2017年银泰作为第一家在港交所上市的民营百货，在这一年卸下了作为上市公司的压力，开始完全融入阿里巴巴的新零售版图。

当前，阿里巴巴对银泰的改造仍然还在从0到1的路上，其基础设施的在线能力还处在进一步升级中，同时，银泰的传统商业模式也需要进一步改造。众所周知，数据驱动是新零售的核心，而整个零售行业在数据化方面目前做得都不够彻底，银泰想要实现的就是人、货、场核心业务的全面数字化，能够真正意义上让它的业务和互联网连接变成在线的能力，同时这也一定伴随着大量的资金投入和成本开支。

值得一提的是，银泰旗下拥有50余家百货和购物中心，在大本营杭州，银泰几乎遍布各大主要商圈，其中不乏西湖银泰、中大银泰等人流密集、收入可观的旗舰购物中心，而这无疑是阿里巴巴孵化的零售新业态极好的试验场。银泰动作频出，既有零食店、智慧家居店、无人服饰店等新业态的落地孵化，也有如宁波银泰这种整体性的改造升级，而这一切都是阿里巴巴对新零售市场多层次的探索与尝试。

阿里巴巴新零售便利店探索：零售通

中国连锁经营协会的数据显示，我国现有便利店（含石油系）9.8万家，销售额1334亿元，主要分布于一、二、三线城市，而在更广阔的低线级城市市场和农村市场，分布着约660万家夫妻杂货店，这背后是万亿级别的广阔市场。阿里巴巴零售通要做的，其实就是通过数据化的方式为这些小店赋能，零售通能给小店提供丰富且有竞争力的商品，建立高效仓配体系，以及基于大数据的营销策略和选品指导；而小店能给零售通带来海量的数据信息，同时作为商业的毛细血管与社区智能连接。

阿里巴巴新零售本地服务补充：饿了么

2018年4月2日，阿里巴巴集团、蚂蚁金服集团与饿了么联合宣布，阿里巴巴已经签订收购协议，将联合蚂蚁金服以95亿美元对饿了么完成全资收购。阿里巴巴新零售战略在向本地生活服务的纵深拓展上获得重大突破。

2015年，饿了么自建物流体系"蜂鸟配送"，专注服务本地最后一公里。最新数据显示，蜂鸟配送骑手规模已达到300万人，日均配送订单超过450万次，服务覆盖了1200多个大中小城市。更重要的是，饿了么在合并百度外卖之后，获得了基于AI平台的智能物流系统，在30个城市的测试中，配送时长缩短到了28分钟。这意味着，蜂鸟配送惊人的物流效率，将成为阿里新零售的一大引擎。

阿里巴巴在成功收购饿了么之后，将以餐饮作为本地生活服务的切入点，以饿了么作为本地生活服务高频应用之一的外卖服务，结合口碑以数据技术赋能线下餐饮商家的到店服务，产生化学反应，形成对本地生活服务领域的全新拓展。

2. 引领第四次零售革命——京东推出无界零售战略

零售业在经过百货商店、连锁商店和超级市场的三次革命之后，正在历经第四次革命。这场革命改变的不再是零售本身，而是零售的基础设施。在技术进步让零售基础设施变得更智能、更协同、更可塑的基础上，京东认为，第四次零售革命将推动"无界零售"时代的到来，实现成本、效率、体验的全面升级。

总体来讲，无界零售有两个核心，一是无界，二是精准。无界代表的是宽度，意味着无处不在，无时不在；精准代表的是深度，意味着从"大众市场"到"人人市场"。也就是说，在无界零售时代，消费者可以在各个平台各种场景中实现无缝购物，在任何时候都可获得精准的推荐：消费者在看电视，看新闻，逛街，甚至看到同伴穿的漂亮衣服的时候，都可以无缝完成购买。

为了更好地迎接无界零售时代，京东正在努力成为一家零售及零售基础设施提供商，旨在通过提供零售基础设施服务，将优势核心竞争力分享给业内品牌和零售企业，优化整个行业的成本、效率和用户体验。当前，京东的无界零售战略布局主要体现以下几方面。

战略布局一：智慧门店建设

京东打造的智慧门店，并非传统意义上的便利店，而是通过京东商业理念赋能，通过输出品牌、模式和管理，打通品牌商、终端门店和消费者之间的商流、物流和信息流的新便利店业态。

京东的智慧门店建设主要体现在商品管理、顾客管理和渠道维护方面，为店主提供无忧管货、管钱、管顾客。其中，在商品管理方面，京东利用系统实现自助订货、库存管理和收银结账。大数据的应用，还可以帮助店主进行单品管理，店铺运营更智慧。同时，店主还能通过这套系统在无须进货不占库存的情况下，代售京东商城的海量优质商品，提高坪效，扩大收入来源。此外，智慧门店管理系统还可以提供完善的报表系统，帮助店主实时了解和分析门店的经营状况和收入表现，简便易用，彻底改变传统小店记账困难、账目不清等问题。在顾客管理方面，借助这套系统，店主可以一键将店内商品搬到线上，与周边顾客建立更深入的连接，沉淀忠实用户。在渠道维护方面，店主通过特有的任务奖励模块，直接对接专为品牌商终端资源投放而开发的行者动销平台，获得海量的品牌动销资源支持。同时，还能学到全球顶尖的零售经验，提升经营技巧。

战略布局二：智慧供应链

供应链一直都是零售商成功的关键要素，没有优秀供应链支撑，零售商几乎无法实现盈利。京东曾是自营平台，500多个仓库中存放着上百万上千万的库存，每个采销工作人员平均管理5000个到10000个自营SKU，如果没有高智能化的运营系统（包括大数据、人工智能的帮助）是完全做不到的。长时间的实践积累形成了京东独特的供应链能力。总体来讲，京东供应系统的特点，一共有五点：好商品、好价格、好计划、好库存、好协同。

好商品：系统智能地在海量的商品里进行最优化选品，找到最优的商品组合,自动区分走量的商品和获取毛利的商品,并进行最优组合。

好价格:面对大量的用户和商业竞争,京东需要动态调整价格,在不同的营销组合下实现不同的商业诉求,比如为同时解决库存和销量压力,找到并调到最优价。京东绝大部分的商品已实现自动定价。

好计划:根据历史销售数据可预先制定营销、销售、补货计划,预测未来一个月、一个季度销售数字,把销售计划拆分到不同的商品组合、SKU组合和不同的价格段组合。现阶段京东的智能预测已经落实过半,预计明年可落实85%。

好库存:京东管理了几百万SKU,超过50%为自动补货。

好协同:一些京东平台的自营商家正在部分使用京东的供应链系统,使用后周转和销量提升显著。现在京东将会把这套系统开放给所有品牌商、供应商。

战略布局三:智慧物流

随着人工智能技术的应用与发展,越来越多智能机器开始被应用在物流领域。目前,京东正在探索用无人化科技来优化成本、效率和用户体验。其无人机、无人车等项目,正在试验和运营中。

无人机:京东正在尝试用无人机实现最后一公里的运输,目前已在边远地区实现无人化试运营。

无人车:2017年的"6·18",京东在清华等大学进行了无人车的试运营工作,发现整个流程基本可实现全程无人化运营。2018年京东投入了更多的无人化资源,进行了更大规模的商业化测试。也许几年后,机器人可以取代快递员送货。

无人仓:京东的核心竞争力之一。在建立亚洲一号的时候,京东已使用了交叉带、堆垛机等自动化设备,以达成"双十一""6·18"大促的高效履约配合。目前,京东已经部署了很多小机器人,来实现无人化的运输和分拣。无人化仓库这一块有很大想象空间。

无人店:京东已布局了无人超市、无人便利店、无人售货机等各种无人业态,今后将投放更多业态。

战略布局四:开放赋能

目前,京东正在积极向"零售+零售基础设施服务商"转型,通过开放赋能,与所有品牌商、合作伙伴一起,在无界零售的场景下,不再彼此博弈,而是共同创造新的价值,共同向供应链要效益。

2017年,京东相继发起或参与了多笔重要合作及投资。2018年京东更是加大了开放赋能的力度,在联手腾讯后又与实体商业巨头万达商业以及西南地区零售龙头步步高达成资本和商业合作。通过与拥有庞大线下流量的两家零售企业合作,再结合腾讯的线上流量赋能,以及京东的线上运营能力、供应链优势及仓配物流全国覆盖等优势,目前,京东已经初步形成了无界零售知人、知货、知场的完美组合。

3. 零售业赋能者——腾讯推出"智慧零售"解决方案

在智能零售领域,腾讯以"赋能者"的角色,通过"去中心化"的方式,把平台能力开放给广大品牌商、零售商,通过提供强大的场景、大数据、AI技术支持,以及腾讯全产品线,帮助商家实现数据化、智能化。这一过程中,公众号、小程序、移动支付、腾讯云、企业微信、金融服务、优图 AI 以及视频、直播等全产品线,都将成为零售商的"工具箱",帮助商家打通不同消费场景,让消费者与商品之间,实现场景的智慧连接。

腾讯"智慧零售"解决方案:从"智慧门店"到"微信支付+"

腾讯"智慧零售"解决方案能够实现包括大数据、多场景、精准营销在内的一体化综合服务,进而赋能所有线上线下企业,给商家更多元化、更个性化的创新空间。其中,云计算和移动支付的关键作用已经显现。

腾讯云推出的"智慧门店"解决方案,通过打通线上线下的数据鸿沟,拉平线下商家与电商之间的营销差异和数据差异;而"微信支付+"以移动支付作为切入口,打通全渠道,帮助商家实现数据、场景、交易、营销闭环。通过腾讯云的深度 ID 识别、用户画像描述、用户动线分析等,"智慧门店"解决方案可以帮助商家联通会员体系,实现智能库存管理、营销数据分析等功能。

在"智慧门店"的帮助下，商家能够清晰地掌握周边客流情况，进行客群画像与商圈画像分析，真实且高效地识别用户全方位画像，同时把广告信息通过有效渠道推送到潜在客户的眼前，最终实现线上线下全渠道的深度融合。

此外，借助"微信支付+"模式，商家可以通过"微信支付+小程序"打通用户线上线下零售环节；微信支付即成会员，可帮助商家实现多场景贯通、更精准的会员运营模式；"微信支付+单品"，可帮助用户实现从广告投放到复购的营销闭环。

在此基础上，大数据运营顺理成章。基于"微信支付+大数据"解决方案，零售商可以清楚地了解自己的消费者，包括场景偏好、消费能力、购买喜好，以及通过什么方式可以更精准地影响他们完成信息的转化，进而依托腾讯社交平台、内容平台，采用消息推送、优惠券、精准广告等多种手段，实现针对会员的精准营销，平台、商家与消费者的共赢共生。

腾讯"智慧零售"解决方案"工具包"：1个中心、2个目标、3个要素与7个数字化工具

1个中心：以消费者为中心的全面数字化升级。

2个目标：在商家层面，打造新数字化运营，帮助商家自建数据资产，打破数据孤岛，直连用户，通过精准营销提升转化率；在用户层面，建立新消费体验，实现线上线下一体化，为消费者提供可预期的、同质同价的商品和服务。

3个要素：连接、转化、体验，即多样化触电、全场景互动和零售即生活的三层概念。

7个数学化工具：微信公众平台、微信支付、小程序、腾讯社交广告、腾讯云、企业微信与泛娱乐 IP。

腾讯"智慧零售"解决方案案例：家乐福"Le Marche"智慧门店

"Le Marche"智慧门店是家乐福全球首家主打餐饮、生鲜，进口商品、自有品牌的新业态零售旗舰店，也是腾讯智慧零售赋能的实体店铺之一。

在这家门店，腾讯的智慧零售"工具箱"涵盖了小程序、微信支付、腾讯优图、社交广告、腾讯视频 IP 等腾讯系成熟产品。此外，腾讯还为门店提供了"人脸识别付款""小程序扫码购""IP 互动引流"等全套数字工具。

腾讯提出的"扫码购"是其线下零售的秘密武器。在家乐福智慧门店，顾客能够买一件扫一件，决定好所有的商品之后再自行扫码，使用微信支付避免排队结账。此外，顾客在消费前，还可以在"家乐福中国"小程序领取家乐福提供的优惠券，结账时使用微信支付自动核销。在互动体验区内的"线下互动电子屏"中，结合腾讯优图的体感识别基础能力，腾讯以社交广告数据赋能，为顾客推送高匹配度优惠券完成家乐福的营销活动。

值得一提的是，基于腾讯优图的人脸识别、会员认证、免密支付等核心技术，消费者可以在家乐福店内通过"刷脸"完成会员注册与绑定、结账免密支付。

4. 智能零售先行者——苏宁全方位布局迎来华丽转身

在人工智能、物联网、大数据等新技术的推动下，我国零售业正以多样化、个性化的消费为需求，进行着一场深刻的变革。苏宁作为国内最大的实体零售企业，拥有30年的零售经验积累和近10年的互联网转型基础。在全新的零售环境下，苏宁正以智慧零售先行者的姿态开始全方位布局，彻底转型为线上线下融合的互联网零售企业，完成智慧零售时代的华丽转身。

苏宁提出的智慧零售，是指运用互联网、物联网技术，感知消费者习惯，预测消费趋势，引导生产制造，为消费者提供多样化、个性化产品与服务的零售形态。目前，苏宁通过对制造、采购、金融、渠道、营销、物流等不同业务层面的转型升级，构建多渠道融合、全场景覆盖的智慧零售版图。

线下平台建设

为打造智慧零售体系，苏宁加速线下业态的落地与优化，在"大店更全、小店更近、品类店更专"的策略之下，围绕苏宁易购广场、苏宁易购零售云加盟店、苏宁小店等核心业态，加快线下发展布局。

当前，苏宁易购广场重点围绕一、二线城市用户聚集区，以及三、四线城市的核心商圈进行储备，并对现有广场进行升级迭代以形成

智慧消费经济新模式

标准。

苏宁易购云店进一步加速升级步伐。

苏宁红孩子母婴店继续进行模型的升级迭代,并规模复制。

作为苏宁线下零售业务的重点发展方向,苏宁小店充分运用互联网工具加快落地。

苏鲜生超市主要配套苏宁易购广场的运营,探索开设。

三、四线市场加强苏宁易购直营店、苏宁易购零售云加盟店的开设,设立产品线、优化产品池、完善区域管理队伍,力争实现3000家店的开设目标。

线上平台建设

在流量经营提升方面,首先,通过广告引流、平台引流、商品引流、战略合作引流等多种方式实现线上流量的提升。其次,通过线上线下融合,创新零售业态经营,为用户带来多样化的体验,从而形成新的流量来源。

在会员运营方面,通过进一步结合场景、产业资源,整合、优化会员运营,会员服务产品要从实物商品到服务商品,再到内容产品、科技服务实现全面贯通。

在营销产品方面,一方面,聚焦精品,把现有的如乐拼购、海外购、特卖、极物等核心营销产品打造成行业垂直领域的标杆;另一方面,结合企业资源探索更多的创新型营销产品。同时从拉新、首购、复购、新品、大促等不同场景,丰富精准营销产品体系,提升面向用户的精准营销能力。

物流业务建设

物流可以说是零售业发展的根本,一直以来,苏宁都将物流的发展放在集团战略高度,多年来持续投入大量物质用于物流建设。从本质上来看，苏宁布局物流基础设施是对物流行业效率与服务体验的升级改造。作为一家零售企业，拥有自己的物流体系，从长远角度看，在提升效率、缩小成本、提升服务质量等方面，无疑具备巨大的优势。

在苏宁的战略布局中，智慧物流对苏宁而言不单单是提升效率和缩小成本，更是苏宁决胜未来的核心舰队。近几年，苏宁已经在物流链的仓、运、配各个环节完成了无人闭环。2017年"双十一"期间，苏宁AGV机器人仓曝光，2018年苏宁又相继推出重型无人驾驶卡车"行龙一号"和无人配送小车"卧龙一号"。至此，苏宁已成为国内首家拥有常态化运营无人车的企业，加上已经常态化运营的无人机配送网络，苏宁物流的"无人科技军团"正在加速壮大。

当前，随着无人军团的集体亮相及部分产品的常态化运营，苏宁打造的智慧物流体系在打破线上、线下的零售壁垒方面已经走在了行业前列，再加上这次与百度阿波罗的强强联合，苏宁的智慧物流很难在短时间内被超越。

金融业务建设

苏宁坚持以O2O融合为特色的金融科技公司的定位，依托产业生态上下游企业客户、用户资源，强化核心产品竞争力，顺势提升金融业务的市场份额。强化O2O银行的发展定位，并制定相匹配的目标与路径。

基于苏宁产业生态明确突破策略，在与零售、物流等产业的协同互促中，不断提升市场份额；同时，要基于市场需求制定特色化的发展路径，实现在金融行业细分领域的突破。

紧抓风险管控和技术研发。围绕技术驱动和数据经营，苏宁金融要持续强化金融科技在业务实际开展过程中的广泛运用。

合作平台建设

近年来，苏宁不断通过物流云、金融云和数据云"三驾马车"向全社会开放资源，发挥行业示范作用和转型带动效应，不断输出零售服务能力。目前，苏宁物流已经接入 2000 多家第三方企业，10 万家平台商户，苏宁智能家居平台接入 200 多个品牌、上千款产品，苏宁金融 2017 年交易规模甚至超过 1 万亿元，呈现全领域齐头并进的态势。

同时，从 2015 年开始，苏宁先后与阿里巴巴、万达、中兴形成战略合作，并与天猫达成合作协议，承接来自其他电商平台的业务，随后全资收购天天快递、独家战略投资母婴类移动社交平台辣妈帮。2017 年，苏宁联合 300 家全球地产企业发布智慧零售大开发战略：未来 3 年新开 15000 家店，打造 2000 多万平方米商业实体。当前，苏宁已经形成了线上多平台、线下多业态、会员全贯通的布局，苏宁倡导的智慧零售模式已成行业趋势。

在消费升级的潮流之下，零售行业"体验为王"的趋势日益明显，苏宁智慧零售通过技术更新和数字化场景打造，为消费者提供产品和服务，以智慧零售服务美好生活。苏宁通过全链路改造，运用数字化手段持续创新零售场景。在智慧零售全场景布局完成之际，苏宁加紧围绕"智能经济"生态，通过自身产业优势及转型经验的赋能，通过 5G、大数据、区块链等技术驱动自身场景零售发展升级的同时，也与零售行业共同迎接更多样化的变革。未来，苏宁还将继续坚持提升零售科技能力的研发与应用，把握消费升级、新旧动能转换带来的发展机遇，在智能经济领域不断探索前行。

附录

附录一：零售消费行业政策盘点

零售消费行业政策盘点		
时间	政策名称	主要内容
2019年3月18日	工信部《信息消费示范城市建设管理办法（试行）》	信息消费示范城市是指积极开展信息消费相关工作，符合信息消费示范城市评价指标体系条件，由工业和信息化部授予信息消费示范城市称号的城市。信息消费示范城市分为综合型信息消费示范城市和特色型信息消费示范城市两类
2019年3月1日	国家发改委等部门《关于推动物流高质量发展 促进形成强大国内市场的意见》	物流业发展的贡献不仅在于行业企业本身创造的税收、就业等，更在于支撑和促进区域内各相关产业产生更多的税收和就业，有力推动区域经济较快增长。要把推动物流高质量发展作为当前和今后一段时期改善产业发展和投资环境的重要抓手，培育经济发展新动能的关键一招，以物流高质量发展为突破口，加快推动提升区域经济和国民经济综合竞争力
2019年1月28日	国家发改委等部门《进一步优化供给推动消费平稳增长 促进形成强大国内市场的实施方案（2019年）》	着力引导企业顺应居民消费升级大趋势，加快转型升级，提升供给质量和水平，以高质量的供给催生创造新的市场需求，更好地满足人民群众对美好生活的向往，促进形成强大国内市场，推动消费平稳增长

续表

零售消费行业政策盘点		
时间	政策名称	主要内容
2018年12月30日	《国务院办公厅关于深入开展消费扶贫 助力打赢脱贫攻坚战的指导意见》	消费扶贫是社会各界通过消费来自贫困地区和贫困人口的产品与服务,帮助贫困人口增收脱贫的一种扶贫方式,是社会力量参与脱贫攻坚的重要途径。大力实施消费扶贫,有利于动员社会各界扩大贫困地区产品和服务消费,助力贫困地区打赢脱贫攻坚战
2018年9月24日	《国务院办公厅关于印发完善促进消费体制机制实施方案(2018—2020年)的通知》	消费是最终需求,促进消费对释放内需潜力、推动经济转型升级、保障和改善民生具有重要意义。为加快破解制约居民消费最直接、最突出、最迫切的体制机制障碍,增强消费对经济发展的基础性作用,根据《中共中央 国务院关于完善促进消费体制机制进一步激发居民消费潜力的若干意见》,制定本实施方案
2018年9月20日	《中共中央 国务院关于完善促进消费体制机制 进一步激发居民消费潜力的若干意见》	消费生产循环更加顺畅。以消费升级引领供给创新、以供给提升创造消费新增长点的循环动力持续增强,实现更高水平的供需平衡,居民消费率稳步提升。消费结构明显优化。居民消费结构持续优化升级,服务消费占比稳步提高,全国居民恩格尔系数逐步下降。消费环境更加安全放心。社会信用环境明显改善,市场监管进一步加强,消费者维权机制不断健全,重要消费产品和服务标准体系全面建立,消费产品和服务质量不断提升,消费者满意度显著提高
2017年12月8日	商务部等部门《扩大跨境电商零售进口监管过渡期政策使用范围》	自2018年1月1日起,将跨境电商零售进口监管过渡期政策使用的范围扩大至合肥、成都、大连、青岛、苏州等5个城市。跨境电商进口监管过渡期政策的变动,可以说是政府又一次支持发展跨境电子商务的信号,推动了跨境进口电商业务的规范健康发展,同时也有利于促进跨境电商市场的整合

续表

\\	零售消费行业政策盘点	
时间	政策名称	主要内容
2017年11月24日	《国务院关税税则委员会关于调整部分消费品进口关税的通知》	通知表示,自2017年12月1日起,以暂定税率方式降低部分消费品进口关税。此次降税产品的一大特点是与人民生活息息相关,覆盖面广、降幅明显,涵盖食品、保健品、药品、日化用品、服装鞋帽、家用设备、文化娱乐、日杂百货等消费品,共涉及187项商品,平均税率由17.3%降至7.7%
2017年10月3日	《国务院办公厅关于积极推进供应链创新与应用的指导意见》	指导意见指出,到2020年,形成一批适合我国国情的供应链发展新技术和新模式,基本形成覆盖我国重点产业的智慧供应链体系。供应链在促进降本增效、供需匹配和产业升级中的作用显著增强,成为供给侧结构性改革的重要支撑。培育100家左右的全球供应链领先企业,重点产业的供应链竞争力进入世界前列,中国成为全球供应链创新与应用的重要中心
2017年9月28日	商务部等部门《关于促进外贸综合服务企业健康发展有关工作的通知》	《通知》的出台,有利于进一步改善综服企业的发展环境,促进综服企业健康规范发展,更好地帮助广大外贸企业降低成本、开拓市场,提高贸易便利化水平,促进外贸稳增长、调结构,巩固外贸传统优势,培育外贸竞争新优势
2017年8月24日	《国务院办公厅关于加快发展冷链物流保障食品安全促进消费升级的意见》	意见指出,到2020年,初步形成布局合理、覆盖广泛、衔接顺畅的冷链基础设施网络,基本建立"全程温控、标准健全、绿色安全、应用广泛"的冷链物流服务体系,培育一批具有核心竞争力、综合服务能力强的冷链物流企业,冷链物流信息化、标准化水平大幅提升,普遍实现冷链服务全程可视、可追溯,生鲜农产品和易腐食品冷链流通率、冷藏运输率显著提高,腐损率明显降低,食品质量安全得到有效保障

续表

零售消费行业政策盘点			
时间	政策名称	主要内容
2017年2月8日	商务部等部门《商贸物流发展"十三五"规划》	商贸物流是指与批发、零售、住宿、餐饮、居民服务等商贸服务业及进出口贸易相关的物流服务活动。加快发展商贸物流业，有利于提高流通效率，降低物流成本，引导生产，扩大消费。根据《国民经济和社会发展第十三个五年规划纲要》《物流业发展中长期规划（2014—2020年）》，制定本规划，规划期为2016—2020年
2017年1月22日	《商务部关于进一步推进国家电子商务示范基地建设工作的指导意见》	国家电子商务示范基地（以下简称示范基地）是引领和推动我国电子商务创新发展的重要载体。2017年1月22日，商务部发布关于进一步推进国家电子商务示范基地建设工作的指导意见。按照国家电子商务"十三五"发展规划，结合地方电子商务和经济发展情况，发挥政府的引导作用，实施体制机制和政策创新，强化市场的主导作用，进一步激发示范基地和电子商务企业活力，实现创新引领，协调发展

附录二：零售新物种盘点

类别	企业	成立时间	门店数量截至2020年2月（单位：家）	项目简介
"餐饮+零售"	永辉超级物种	2017年1月	19	永辉超级物种是由永辉超市的子公司"永辉云创"推出的全新零售业态，采用的"高端超市+生鲜餐饮+O2O"混合业态，不同的门店采取不同"物种"搭配组合的运营模式。包括有机生活馆、花坊、生活果坊、沙拉工坊……
	盒马鲜生	2016年3月	26	盒马鲜生是阿里巴巴对线下超市完全重构的新零售业态。盒马鲜生是超市、菜市场、餐饮店，消费者可到店购买，也可在盒马APP下单，其最大特点是快速配送，门店附近3公里范围内，30分钟送货上门
	联华鲸选未来	2017年9月	1	联华华商将鲸选未来定义为一家融黑科技、美食娱乐、线下体验向上服务的体验式新零售实体店，除了传统的餐饮和超市业态，还布局了星巴克咖啡、书店、各类生活馆和网易严选体验店等
	美团掌鱼生鲜	2017年7月	1	与盒马鲜生和超级物种类似，掌鱼生鲜也提供线上线下的一体化服务，推行"餐饮+超市"的业态，但在海鲜层面多以冷冻海鲜为主，提供30分钟到家服务

续表

类别	企业	成立时间	门店数量截至2020年2月（单位：家）	项目简介
无人智慧便利店	京东X无人超市	2017年11月	1	京东X事业部潜心研发的智慧化产物，采用了人脸识别、行为抓取、智能选址等智能设备与系统应用，打造了高效、快捷、无感知的全新购物模式
	F5未来商店	2015年4月	未知	依托自主研发的机械臂和后台管理系统来构建24小时无人值守便利店，一个30~60平方米的便利店将由4台机器组成，分别是标品售货机（售卖可乐、薯片、生活用品等快消品）、冲饮售卖机、鲜食商品售卖机（鱼蛋、车仔面等）以及自动清理餐桌，核心技术为机械臂和智能仓储
	缤纷盒子	2014年2月	40+	国内首个商用可规划复制的24小时无人便利店，缤纷盒子目前采用的无人便利店解决方案是基于RFID标签，用于结账收款，此外还配备监控系统和远程客服
	EAT BOX	2017年7月	2	"EAT BOX"是一家无人便利品牌，主要售卖食品、饮品、日常用品三种，以进口商品为主。占地面积约30平方米，以钢材框架为主体，四周覆盖紫色透明玻璃幕墙，店内配备人脸识别摄像头、重力检测设备，每件商品上都贴有超高频RFID

续表

类别	企业	成立时间	门店数量截至2020年2月（单位：家）	项目简介
无人智慧便利店	小麦铺	2017年4月	20+	"小麦便利店"是新型连锁便利品牌，产品为7个模块盒子，如社区活动、简餐、烘焙等，在不同场景公司会选择不同的盒子建设便利店。顾客进店之前需要关注小麦铺公众号，通过扫二维码或刷脸两种方式进店，店内每一个商品标签牌上附有一个二维码，顾客可用公众号内的扫一扫功能，将商品加入购物车，进行线上支付
无人智慧便利店	Easy Go	2015年1月	未知	"Easy Go"店内有便利店配备的商品货柜，安装摄像头，门店结算处安装产品识别装备，同时也有紧急按钮，提供客服服务，结算方式通过RFID射频识别，自主扫描结算，通过微信小程序可以无感支付，做到拿完即走
无人智慧便利店	简·24	2017年6月	1	使用和自动驾驶一样的技术来实现"拿了就走"的购物体验，其中包括机器视觉、传感器融合、深度学习等，可以自动侦测顾客拿起和放下某件商品，并自动加到顾客的APP购物车中
无人自助货架机	果小美	2017年6月	未知	货架（新品牌零食、饮料等）
无人自助货架机	猩便利	2017年6月	3万+	开放式无人货架+冰箱组合+便利店模式
无人自助货架机	哈米科技	2016年1月	2000+	魔方式组合货架+冰箱
无人自助货架机	领蛙	2015年1月	5000+	货架（零食、饮料、生鲜与百果园合作）
无人自助货架机	每日优鲜便利购	2017年7月	未知	开放式货架+冰箱组合

续表

类别	企业	成立时间	门店数量截至2020年2月（单位：家）	项目简介
无人自助货架机	蚂蚁鲜生	2016年11月	1000+	办公室自助鲜食柜，在选品上主打"鲜食"，提供酸奶、便当、三明治、饭团、寿司等产品
	饭美美	2014年8月	北京地区200+	智能售饭立体柜，采用独特的"三段冷链"加工、运输、储藏工艺，使冷链鲜食加热后的复原度可达95%以上，用户扫码取餐，还可预约
	三全鲜食FUNBOX	2014年1月	未知	三全鲜食的模式为APP+FUNBOX智能午餐贩卖机+中央厨房。中央厨房统一生产盒饭，然后通过冷链物流配送到午餐贩卖机。用户通过APP购买盒饭，然后在附近的贩卖机取餐
社区便利店	爱便利	2014年5月	1500+	以电子商务、B2B、连锁经营、综合缴费为主要经营业态，除了日常销售外，爱便利还可以网上订货，商家通过爱便利集采配送
	便利蜂	2017年1月	近百	自主研发鲜食和非鲜食，与传统便利店不同的是，便利蜂推出了自主研发的APP，目前支持顾客自助购物、会员支付、预订自提和配送到家等业务
	妈妈菁选	2017年4月	未知	社区生鲜便利店、生鲜品类占据整体货架面积的25%左右

参考文献

[1] [英]约翰·梅纳德·凯恩斯.凯恩斯经济学论文与信件：学术[M].楚立峰,译.北京：商务印书馆,2017.

[2] [美]雷切尔·博茨曼,路·罗杰斯.共享经济时代[M].唐朝文,译.上海：上海交通大学出版社,2015.

[3] 庞博夫.消费商[M].北京：北京大学出版社,2018.

[4] 刘茂才,庞博夫.创富新思维——消费商时代[M].北京：中国经济出版社,2012.

[5] 伊志宏.消费经济学[M].3版.北京：中国人民大学出版社,2018.

[6] 何开秀.互生经济学[M].北京：中国商业出版社,2016.

[7] 翁怡诺.新零售的未来[M].北京：北京联合出版有限公司,2018.